〈聞き書き〉新しい家族のカタチ

子どもを迎える／育てる女性カップルたち

遠藤
大島

寿郎社ブックレット5

目次

〈プロローグ〉疑問の答えを見つけたくて

大学三年生の春まで私・遠藤あかりは、同性カップルは子育てしないものだと思い込んでいた。でも、ユーチューブをぼけっと見ていたら、「僕にはママが二人いる」というサムネイルが目に入って疑問を持った。同性同士で子どもを迎えるって、どうやって？　そもそも同性同士って結婚できるんだっけ？　気になってネットで調べてみると、子育て中の同性カップルのＳＮＳのアカウントや子どもが欲しいと思っているという同性カップルのユーチューブチャンネルを見つけたけれど、詳しく教えてくれる本や論文はほんの少ししかなかった。

仕方なくネット記事やユーチューブで同性カップルの子育てを調べてみた。ユーチューブのコメントには、肯定的なコメントもあれば、否定的な「子どもがかわいそう」「レズビアンなのに子どもが欲しいのはエゴ」「おかしい」というコメントもあった。

子どもが欲しいとか、子どもを育てたいという気持ちが良いか悪いかなんて考えたこともなかった。子どもを迎えられない、育てられないわけではないのなら、異性カップルと同じように子どもを育てたいと思うのはとても自然なことのように思えた。

でも、否定的な意見を浴びせられ、そもそも同性カップルの育児の情報が少ない状態で子どもを迎えたり子育てする同性カップルは、異性カップルに比べてそのハードルは高いんじゃないかと思った。彼女らはどんな思いで子どもを迎え、パートナーと子育てをすると決心したんだろう。もし自分が同性と子どもを育てていきたいと思ったら、どうしたら良いのだろう。

そんな疑問の答えを見つけたくて、大学の卒業研究で「子どもを迎える／育てる女性同士のカップル」をテーマにすると決めた。

制度面や実際に子どもを迎える方法の面で情報は極めて少ないけれど、ネット上の情報を頼りに私は卒業研究に取り組んだ。でもネットに載った情報だけでなく、実際に子どもを迎えた子育て中の人にもインタビューしてみたいと思った。子どもをパートナーと育てていくと決めた時の気持ちや、子どもを迎える準備でどのようなことがあったのかについて聞いてみたいと思った。さらに周囲へのカミングアウトのことや、同性カップルと異性カップルで子育ての違いがあるのかなど、語り手の体験や感情がリアルに感じられるような研究がしたいと思った。なので「聞き書き」という作品形態にした。

この作品を読んでくださる皆様にはぜひ、自分や知っている誰かに置き換えて、語られた内容を自分のこととして、もしくは身近な誰かの身に起きたこととして読んでみてほしい。あなたのすぐ近くにも、同性カップルで子育てをしたいと思っている人がいるかもしれないから。

〈第一章〉
五〇代で女性パートナーとともに五歳の子どもを育てる〈まーりんさん〉の話

自分自身のセクシャリティ

私はですね、風貌的に女性でいるっていうことに特に違和感はないんです。けど、内面はもうトランスですね。要するに女性の身体では生まれていますが、内面は――これちょっと語弊があるかと思うんですけど――昔から女性が恋愛対象ですので、短絡的にいえば内面は男性だろうな、と思っています。でも体の部分は特に変えたいと思ってないですね。セクシャリティで言うとバイではないですね。トランスジェンダーだと思います。女性の気持ちで女性を好きになっているっていう感覚ではなくて。

小さいころから、男の子と同じ気持ちだったり遊びをしたりするなかで、「なんで女の子に生まれたんだろうな」って思ってきた。おそらくそのあたりはレズビアンのように女性の気持ちで女性が好きってこととは違うと思うんです。

パートナーは女性です。今の人とは今年で一〇年目になりますが、出会いはインターネット上のチャットです。セクシャルマイノリティの方が集まるチャットスペースというかチャットパークっていうのがあって、パートナーを望んでいる方が入っている。そこで話したのがきっかけですね。そこに入ってくる人は、女性が女性を求めていたり、男性が男性を求めていたりっていう目的がはっきりあるので、説明をしなくていいので楽なんですね。

チャットで出会った時、私にはたまたまお付き合いしている方がいなくて、フリーの状態で入っていったんですね。その時出会った今のパートナーはまだ既婚状態でした。ただ、女性の相手を募っているということは、自分自身の結婚生活に疑問を感じていた時期だったと思うんです。そういう状態で今のパートナーとチャットで出会った。

パートナーとの出会い

パートナーがその時に住んでいた場所が東北地方の市でした。ご存じの通り東日本大震災で被害にあったじゃないですか。一言で言うとその震災があったことで結婚生活が破綻したということみたいです。詳しいことはなかなか突っ込んで聞けないんですけど。まあ、震災があって結婚された方もいらっしゃるけど、震災があって離婚された方もいたっていう話は聞きますので、自分自身の人生を考え直した時期なのかなということですね。

私と出会ったころ、パートナーには女の子の子どもが二人いたんです。その子たち二人を伴って私の住んでいる埼玉県に来たというのが始まりです。ところがですね、相手が離婚になかなか応じてくれずに裁判に進んでいったんです。離婚裁判ですね。親権がどうのとかいろんなことで結構激しくて。父親である元の旦那さんがおじいちゃんおばあちゃんと一緒に住んでいたんですけど、そういう大人の手がたくさんある状態の方が望ましいという裁判所の判断で最終的にはお父さんの方にこの子たち二人は行ってます。

で、現状はそのあと精子提供を受け、シリンジ法（スポイトのような器具を用いて精液を吸い取り、膣内に入れることで、性行為をせずに妊娠を目指す方法）で息子ができました。その子は今五歳で、三人家族です。

離婚の時は不利になる可能性があるため、同性パートナーがいることを隠してましたよ。離婚の理由として、天災が起きていろいろなことを考え直した時に、もうこの人と一緒にこの後の人生を過ごすことはできないって言っていました。まあ、ほかにも理由があって陳述書とかで訴えてましたけど、おおざっぱに言うともう一緒に生活をしていきたくないっていうことです。だから相手としてみれば「いきなりそんなことを言われても」ってなってたんじゃないかなと思ってたんですけど。

私たちが今一番望んでいる同性婚が成り立っている時代だったとしたら、私がむしろ不倫相手になっちゃったと思うので、慰謝料とかを取られたかもしれないですね。

シリンジ法で子どもを迎える

今育てている子は新たにもうけたというか、授かった子どもってことですね。

パートナーには二人の子どもを産んで育てていたという経験がありました。彼女の中では子どもと離れても元の相手と一緒にいることの方が嫌だから、どっちかを選択しないといけないとなれば、向こうに子どもを育ててもらってでも自分は自由に自分の生活を送るという方が重要だったということで、それを選択しました。

そのあとで子どもを育てたという経験から私と一緒に子どもを育てたいと思ったようなんです。はっきり言って私は子どもを出産していないので、その彼女の経験はすごく心強かったしすごく助かった。やっぱり私の知らない細かいことを知っていますので。妊娠するのは彼女自身だし出産の経験もあったのでシリンジ法でも子どもを授かって育てたいっていう気持ちがあるんであれば大丈夫だろうな、頑張れるだろうなとは思ってはいました。

子どもを持とうかっていう時、情報収集はやはりネットですね。精子の提供者っていうのが世の中にいるんだろうかっていうところからです。日本の場合は不妊治療されているご夫婦――男女のご夫婦、男女のカップル――にしか人工受精はできないです。なので医療機関はちょっと頼れないと思いました。病院で不妊治療をやってる同性カップルの人に聞くと、病院で不妊治療してもらうためにお父さん的な、世の中で言うパートナーを頼み――本当はパートナーじゃないんだけど――パートナーとして一緒に病院に行ってもらってたりしてる。

外国だと結構そのあたりに対応する機関があって、精子提供者も公に見つけられるので英語力がガッツリ大丈夫な人は外国から精子提供受けて妊娠したという方もいました。

私たちは一番基本的なシリンジ法で。まずそれをきっちりやってみて、それが本当にダメなのであればドナーの協力を得て、未婚だけど相手がいて妊娠したいんだけどっていうようなことで産婦人科にいこうと考えました。まあ精子の提供を受けてシリンジ法で授かったのでそこまでいかずにこの子がおなかに来たっていうことですね。

二人の人から精子提供を受けて

ドナーとなってくれる候補の方が三人いました。三人とも精子を個人的に提供されていましたので、三人それぞれに会ったんです。その結果、二人の方に提供していただけました。一人目の方は――多分静岡方面の方だと思うんですけど――静岡の方で事業されていて。なんで精子提供をしているのって聞いたら、自分自身のまわりに結婚はしたくないんだけど子どもが欲しいっていう女性の声があったらしいんですね。そういう人に提供してあげればその望みがかなえられるんじゃないかなって思ったらしくて。子どもを望む女性にその方が精子を提供して子どもができたということでした。ただ、その方は既婚ですし、子どももいるのでそのことを自分の家族に公にできないけれども、そういう助けになるのであれば提供したいってことでした。

二人目の方は投資を主にしている方で、やはりご家庭があり、その方も助けになるんであれば精子を提供したいって言ってくださったんです。その方はどちらかというと丁寧に対応してくれて、無精子症の方とかもいるので自分がどれくらい元気のよい妊娠の可能性のある精子を持っているか、ご自身の精子の生存のパーセンテージとかそういうのを調べてたりしていて、シリンジの提供もしてくれました。我々ももうネットでシリンジを買ってはいたんですけど、そういう用意もしてくれていたのでお願いしました。

結果、一人目の方は、そのころまだ私たちも排卵日がきちんと確立してなくて、タイミングがズレたりしてなかなか妊娠には至らず。二人目の方も合計三、四回目くらいですかね。ちょうどその時のタイミングが良くてシリンジで懐妊に至ったんですね。そのころはもうしっかり排卵をチェックするとか、あと卵子の生存能力が二四時間なので日数を計算してその中でしっかりタイミングが合うようにした結果、できた、ということです。

一年間くらいは基礎体温を毎日測っていましたね。パートナーは生理の間隔も割と規則正しいので基礎体温とあと生理の日数、それから排卵検査薬で排卵日を予測して。排卵検査薬は日本だとなかなか認知されていなくてまだあまり出回ってないんですけど、インターネットで購入したのでそれで排卵がされてる日なのかを確認しました。

精子提供してもらう時は、例えばファミレスなどで会って、その場――ファミレスのトイレ――でその方が採取すると。それを持って帰ってシリンジ法でするって感じです。

遺伝子的な病気とかはその方たちを信用するしかなかったですね。まあ、我々の判断する部分としては人柄だったり関わり方がある意味ドライであることだったりすることです。提供してそれでおめでとう、終わり、くらいがいい。懐妊してからは「妊娠することができました」っていうメールを送って連絡しました。しっかりフォローしてくださった二人目の方は、子どもが生まれて一年目に「子どもが誕生日ですよね」ってプレゼントくださったりしましたが、それくらいで関わりは終わりましたね。今はもうほとんど連絡はないです。その方は一歳の誕生日に「プレゼント渡しますね」って言われて、私と子どもとパートナーとその方の四人で会った。一歳ですので子どもは全然覚えてないけど、その方は子どもに会いました。

その方に、「どうして提供されてるんですか」って聞いてみたら、何人かの人に提供していて何人ものお子様がいると言っていました。自分が提供することで自分の遺伝子を残すわけじゃないですか。その遺伝子を残すことをその人は「きょうだいたち」っていう言い方をしていたんだけども、「きょうだいたちっていっぱいいた方が良いじゃん」って言い方してました。まあもし自分が男性だったとしてそういう気持ちって分かる気がするなって思ったんですね、実は。

結婚して子どもができるっていうのはきちっとした責任の中で子どもを育てていかなきゃいけないんですけど、実際自分の遺伝子を持った子どもが世の中にたくさんいるんだったらそれはそれでうれしいなって思うなーと思って。分かる気がして「あーなるほど」って思ったんです。

うちの子がもし女の子を好きになったら、血が繋がってるってことがあるかもしれないですけどね。そういうことがありえなくはない。相手の方が精子提供した相手が女の子を生んでたらね、会う可能性だってありますもんね。他人同士ってことで結婚はできると思うんですけど、血が濃いとよろしくないっていうデータがあるじゃないですか。

だから後から気づくのか分かんないですけど。一応できますよね、婚姻関係としては。そういう「きょうだい」同士の結婚が起きないように事前にその方に確認しておこうと思ってもその方の素性というか、住所とか本名とか分からないので、連絡を取るとしたらやり取りしていたメールアドレスしかないですからね。それがもしなんらかの形で使われていないとすると連絡は取れないですよ。だから、世の中、同性婚（配偶子提供の制度を含む）も認めていただかないとちょっと変なことが起きるんじゃないって思っちゃったりしますね。

親戚として出産に立ち会う

産む時も父親の名前を病院で記入することはありません。パートナーは産む時、病院に、「私はシングルマザーです」と言い切った。「授かった子を一人で産みます。でも、三人の親戚がいるので三人に立ち会ってもらいたいです」って言って。親戚のまず一人目が私で、友達の同性カップルも親戚ということにして立ち会いました。

立ち会いはできましたね。「シングルマザーで誰もいないから私はどうすればいいですか、ひとりで産まなきゃいけないんですか」ってパートナーが助産師さんに聞いたみたいですよ。「一人で産むのは困ります」ってわざと言って、「親戚がいても良いですか」って強めに言ったら「ぜひどうぞ」って言われたと。だから私と親戚ということにしていた同性カップルの女性三人で従妹のふりをして陣痛の部屋に一緒に行きました。

でも、分娩室には入れない。分娩室に同席できるのは、「出産の講習を受けたご主人のみ」。もし同性婚が成り立っていたら私は入れたかもしれない。ただそういうシステムが今ないので、分娩室に入れるのは基本はご主人だけ、男性のみです。親も入れない。

パートナーはもう三人目の出産ですが、うちらは誰も妊娠したことがない。なので私たちの方が大丈夫なのかなっておろおろしてて、本人が一番強かったですよ。「まだ大丈夫、まだこの感覚だとまだ産まれないな」って。

それだったら我々が口を出すことじゃない。だから一緒に陣痛室にいるんですけど助産師さんとパートナーの世界ですよね。助産師さんもぎりぎりまで来ないですから、陣痛室には。たまーにきて「じゃあ脈測ります」とか「血圧測ります」とか言ってるだけで。でも助産師さんはプロなのでパートナーの陣痛が楽になるような措置を知っていて、そのツボを押さえてくれたりしました。

我々は全く役に立たないです。誰一人産んでないですから。まあでも、ゆったり待ってましたよ。パートナーが痛い痛いとか騒がないので。実は相当痛かったみたいですけど……。「ちょっとコンビニ行ってくるね」なんて席を外しちゃったりして、ちょっとかわいそうなことしたななんて。

分娩室がある場所と待ってる場所が自動ドアで仕切られてるんですね。我々が待合室からトイレに行きたい時、自動ドアの中にある分娩室の手前のところにあるトイレを使ってたんです。分娩台に座ってから大体一時間ぐらいで産まれるって言われてたんで、一時間後だって思って待っていて「ちょっとトイレ行きたいから行ってくるわ」って言って私が自動ドアに入った時にちょうど産まれた瞬間だったみたいで産声が聞こえたんですよ。母親の苗字を呼んで「おめでとうございます」って、周りが言っていた。産声をしっかり聞けたのは、すごくラッキーだったっていうか。たまたまトイレに行ったタイミングでその声が聞けたなと思ってうれしかったですね。

私はもう子どもを授かったと聞いた時もうれしかったけど、子どもが産まれた瞬間はほんとにこう、喜びでしかないですよね。出産ってやっぱり危険なことなので三回目といえども三回目だから危ないこともあったりするじゃないですか。実際の話、へその緒が首にちょっと巻いてたみたいで、そのへその緒が絡まってることでなかなか出てこなかったんですよ。なんかおかしいなって言っていたら首にへその緒が巻きついていた。それを切って産まれてきたらしいんですけど、気づかなければ子どもが死んじゃったかもしれないし。だからやはり安全というか、産声が聞けて産まれてきたってことは喜びでしたしうれしかったですよね。相当うれしかったですね。

その後、タイミングとして子どもをきちんと授かってから「にじいろかぞく」(子どもを育てるLGBTの団体)さんには入会しました。

子育て

子育てが始まって私は通常どおり勤務をしていたんですが、母親は産休・育休になりますよね。最初のうちは母乳も与えていたんですが、母乳が子どもにとって少なかったみたいで、「少ないからもっとよこせ」みたいな感じで子どもが泣いてたんですね。早い段階で哺乳瓶も併用しないとダメだってなったんです。併用すると母親がどっかにでかける時もミルクはきちんと与えられるっていうのがすごくメリットで。メインはパートナーがやっていました。夜、二時間おき三時間おきにミルクあげなきゃいけなかったりもするんですけど、母乳じゃないのでウェーって泣いて。気づいた方が起きてミルク作ってあげてっていうふうにできたので、お互いにそれは分担してやっていましたよね。

子育てはちっちゃい時に関してはお互いに起きて。ほんとに大変なのが生後三カ月くらいまでの間で、夜起きないといけないっていうのが大変。私の仕事がほんとに大変な時は泣いても起きられなかったです。その時はパートナーがやってたりして、休みの時は私が逆に「寝てなー」ってパートナーに言ってました。そういう協力はしてました。なるべくワンオペにはしないようにっていう形で。

まあ割と育てやすかったなって印象がすごくありました。子どもはめちゃくちゃミルクも飲んでめちゃくちゃよく寝ていました。飲んじゃえば寝ちゃう。三時間たてばパチッと目を覚ましておなかすいたって泣く。で、またミルクあげて寝ちゃうみたいな。三時間自由にできる時間が取れたっていうのを考えるとすごく育てやすかったし、体調的にもまあ大病を患わずすくすく育ってるし。早生まれで一月生まれなんですよ。でも背の高さは今保育園でダントツにトップクラスで成長もいいみたい。身長・体重ともに大型サイズでこのまま元気よく育ってくれたらいいなってことでしょうね。

パートナーが言うには婚姻関係の時は子どもがそんなに欲しくないけどできちゃったって。それに対して同性カップルが子どもを持つということは、かなり望んで生まれてくるってことですよね。望まれてないと生まれないですよね。要は男女間だと欲望的な関わりでできちゃうっていうことがあり得ますが、同性間だと絶対ないですから。計画してできたということからすると、本当に愛情をたくさん受けて育っていく子どもたちなんだよなあって感じますね。

同性カップルでは児童虐待が行われないんじゃないかなと思っていて。もちろん男の子で乱暴なのでちょっとした叱る口調とか、人間ですから感情があるので私も声を荒らげることもありますけど、だからといってＤＶに発展することは絶対ないですよね、うちでも。それを考えたらやっぱり同性カップルに授かった子どもは愛情を持ってある意味愛情に包まれながら育っていくんじゃないかなって思いますけどね。

子どもにどう伝えるか

息子はパートナーのことを「ママ」、私のことは「まーちゃん」って言ってます。保育園でも「まーちゃん」。それがたまに「ばーちゃん」に聞こえる人もいるんでしょうね。「おばあちゃんなの？」って質問してくる人もいるんですけど、「ばーちゃんじゃなくてまーちゃんだから」って。

保育園には「私は独身でシングルの従妹がいて三人で一緒に住んでます」と言っています。マンションの隣近所にたくさん同じくらいの子がいて、結構そういう子たちからは「どうしてパパいないの」とか質問くるんですよ。

「あのねー、うちはねー、ママ二人の家なんだよ」

って言っちゃってますね。

「えーそうなんだ。おばあちゃんじゃないんでしょ」

と聞かれて
「うん、おばあちゃんじゃない」

って言うと、

「ママ二人っていいよね」

って言う子がいたりとか。まあ子どもだから
「うちはパパとママだよ」

って言う子には、

「そういうお家もあるんだよ」

って話しかできない。

メアリ・ホフマンっていう外国の方が描かれた『いろいろいろんなかぞくのほん』（少年写真新聞社）っていう本があって、お父さんとお母さん、お母さんとお母さん、おじいちゃんとおばあちゃん、お父さんだけ、お父さん二人、みんな家族だよみたいなのがあって、それを小さいころから読み聞かせてます。彼なりに自分の中で考えるんじゃないですか。

ドナーのことはまだ話してないですね。彼からその質問がきたら、もうドナーの方は「ドナちゃん」っていう名前にして、ドナちゃんからもらったってはっきり言おうと思ってるんです。子どもの性教育としていろんな話を彼が小さい時からしていて、「子どもはこういうふうにするとおなかにくるんだよ」とか、「あな

たのたまたまには赤ちゃんの種が入ってるから大事にしなさい」とかそういういう話をしててですね。子ども向けの性教育の絵本があって、それをたまに読んでたりして、まだしっかり理解できないまでもどうやったら子どもができるのかなっていうのは分かってるんだと思います。

性教育は、たきれいさんっていう方が平仮名で書いている絵本（『たきれいの性の絵本』シリーズ、KADOKAWA）を使ってるんです。一冊一冊は薄いけどかわいいイラストで子ども向けの性教育の本を最初は個人出版で出されている。五、六種類ある本に、いくつからいくつぐらいまでに読んであげてくださいって書いてあって。それに合わせて教えてあげればいいかなって感じ。

具体的に「僕はどこから」とか、「じゃあ僕はどういうふうにできたんだ」っていうふうに質問がきたら、「ドナちゃんがいて」っていう話はしていこうかなって。お父さんじゃない、パパでもないしお父さんでもないのでやっぱり一番はドナー、ドナちゃんが一番いいなって思いますね。

たまたまから赤ちゃんの種ができるよって知ってるでしょう、彼は。「その種をもらったのがドナちゃんだよ」って言えば、「へー」ってそれで終わり、そこまで深く考えず終わるんじゃないかな。そのために性的な教育は必要でしょ。

あとはプライベートゾーンの話はしているので、誰かに触られそうになったら「触んないで」って言えとか、「プライベートゾーンだからやめて」って言う練習はしてますね。すごい大事なことだなと思って。

自分が悪いから触られたのかもって思っちゃいけないので。触る方が悪いじゃないですか。触ったり見たりしてくる方が悪いっていうのを身につけとかないと、実際自分で判断できなくなっちゃうかなって。男の子でもね、そうやってされることが多々あるようなので、そういう脅威からは自分で自分の身を守らなきゃならないとすると、ちっさいころから「やめて」って言う練習をする。「触ろうとして手が伸びたら？」「やめてー!」と。そういうのは大事です。

二人の教育方針

一応我々が決めてることは、ひとりが叱ってる時はもうひとりがフォローする。二人で叱らないことです。感情的になっているのはいつでも一人ということを意識しています。例えばパートナーがめっちゃ怒って叱っている時、私は黙って静かにしておいて、叱り終わった後に優しくするとか。ふたりで同じように怒っちゃうと子どもはもう逃げ場がなくなっちゃうからそれはしない。

(お子さん登場)

あら、お風呂入ってきたの? お風呂入ってさっぱりしたの。お姉さんに手を振ってあげて。静かにしてね。

息子は戦いが好きで。段ボールで作った剣を……。(振り回してる)

外遊びで私とキャッチボールしたりサッカーやったり。ママもできるからどっちもどっちなんでしょうけどね。ただ、もともと私が若いころはスキー関係をしっかりやってて、パートナーは水泳関係をしっかりやってたのでそれぞれの部分はやっぱりやらせたい。冬はスキーに行けば私が一緒にやって、プールはスイミング通ってますけど、プライベートで練習する時はママが教えるとか。

私はもう五〇歳半ば過ぎちゃったので、体力維持をなるべくしっかりしないといけない。リフトに乗って子どもと一緒にスキーで滑り降りるっていうのは将来的な夢でもあります。スキーも生涯スポーツとしてしたいと思いますけど、いかんせん五〇歳過ぎると体力的にも落ちてきますので、なるべく維持して彼の運動の欲望をなんとか満たしてあげられればいいかなと思ってます。

あかりさんのお母さんとか同世代だと思うけどスキーやってます？　やってないでしょ。だから私すごい頑張ってるの。五六歳だからさ。五歳児育てるの大変だよね。五歳だとすごいですよ。体力もあるしちょっと頭も良くなってくるし感情もすごいし。二歳くらいの時は反抗期なかったですけど今がもうすごいかもしれないですね。

五〇代――おばあちゃん世代の子育て

五〇歳だともう子どもは産めない産めない。ギリギリ生理があったけどもう卵子が危ないよね。だからもうおばあちゃん世代だよ。うちの母親がこの年齢で妹の息子が一〇歳ぐらいだったから。その息子は今三〇超えて次男が二七、八歳。だからそれが我々の子どもの世代。スキーはこれからもなるべく体力を維持してやっていきたいけど、彼が一〇歳になった時私はもう六〇歳だからそれまでスキー滑れるように頑張んなきゃなと思ってますよ。

「にじいろかぞく」でもなかなかいないかな。私の同世代の子どもで一〇歳の男の子っていうのはいる。その人は産んでない方の親で年が私より一つ二つ上、産んだ方の人はまだ四〇代かな。

私のパートナーが四二歳なので私とパートナーの年の差もあるんですよ、一四くらい。それも珍しい。私が子どもを持って育ててもいいかなって思った年齢が五〇ぐらいだったんだなって自分で思いますよ。それまでは自分はそんなことしないって、自分は自分の好きなようにして生きたいって感じだったので、まさかこの年齢になって子どもを持つと思ってなかった。

やはり五〇歳で子どもが生まれると、気持ちの部分でゆとりがある。すごーく叱っててもおなかの中で笑ってたり、表面上怒った口調だけど後ろで笑ってたり。叱んなくちゃいけない場面だから叱ってるけど「うふふ」って笑ってたりする。まあ、ゆとりがあるとは言っても腹の立つことあるんだけどね。

パートナーが子育てするのは三人目で子育てのプロでしょ。上の子たちは小学校に入るまでは育ててるわけだし。園児というか幼児、赤ちゃんから幼児にかけては絶対平気だろうなって安心感があった。だから子どもを育てると決められたっていうのはありました。

私自身、基本的に子どもは好きなんですよ、昔から。子どもはほんと好きで、妹の子を一緒に二人連れて旅行したりするタイプだったんですけど、自分が親になるってことはそれだけきっちり責任もあるということだから自分が好きにやりたいことが妨げられてしまうっていう思いがあったんです、実は。

ただ、実際生まれてみてどうかっていうと、逆に楽しめることが増えたというか。子どもがいなければ行けない子ども中心の場所は、その時だけしか行かないじゃないですか。今は子ども中心の場所にも足を向けられるし、絶対子どもがいなければ来ないだろうなってところも一緒に行って、一緒に楽しめているので、逆に行動の幅が広がったんだなって今実感してます。

妨げられるのではなくて一緒にやれる喜びってこんなにたくさんあるんだっていう感じ。成長すればしたで子離れも割とすぐできちゃうのかなと思ってますよね。

私は一人で楽しめるすべを持ってるので子どもが大人になって手を離れれば今度は自分だけで楽しめることってたくさんある。それをまたやればいいだけじゃないかって。

子育てなんて一番大事なのは最初の一五年間。二〇歳になるまでに子どもはどんどん大きくなるからね。一六、七歳くらいまでしっかり見てあげればあとは自分で自分の道を切り開いていけるんじゃないかなって思いますよ。

子育ての面白さ

面白いことが山盛りいっぱいあって、でも今すごい反抗期。でもそれも自我が芽生えてきた結果なんで喜ばしいんだけど、何度言っても直らないことは腹立ちますよ。やれって言ってもやらないとか着替えろって言っても着替えないとか。自分で決めてちゃんとやってねとか主体性を持ってちゃんと動けということを言ってますけどね。「分かりました」って言ってるけど全然分かっていなくて、「ダメ」って言っても繰り返しやるし。

まー、もうほんとに子どもってバカなんだなって。まあ、気にしてほしくてやってるのかもしれないから、そのへんは甘えの一つなんでしょうけどね。いろんな、楽しいことも嫌なこともたくさんありましたけど、総体的に楽しいですね、この五年間、楽しいです。面白い。子育てって面白いなって思う。

やはり子どもも一人の人間で、パーソナリティとしてほんとに一人の人なのでその思いはいつも持ってないといけないなって思ってます。

自分だけのルールを押し付けないようにって常に心得なきゃいけない。だからワーって怒った時にふと考える。これは自分だけのルールじゃないだろうかって、しっかり見つめ直さなきゃいけないなって思うんですよね。世の中のルールにのっとらなきゃいけない。それだけ思っていれば子どもはひねくれないかもなと思ってます。

法的に守られていない同性カップルの親子関係

全体的になんですけど、同性婚に関して日本の進み具合は世界レベルで言うとだいぶ遅れているんではないかなと。G20の中にいる経済大国でありながらそういう部分では全く立ち遅れていますね。カナダだったり、北欧のスウェーデンだったりはどんどん先に進んでいるじゃないですか、同性婚も認められてますし。

我々はパートナーと言っても婚姻関係を結んでいる方のように、法的には全く守られていないんです。税金関係でもそうですし、扶養控除もそうですし。

母親はね、シングルマザーとして保障が適用されますけど、私は一緒に住んでるのに今の子と一切他人ですから。遺言関係っていうんですかね、遺産とかそういうことも母親がもし亡くなっちゃったら文書をしっかり作っておかない限り親子関係にないんですよ。そのあたりがやっぱり心配事にはなっちゃってますよね。

規制も保障もされていない。だからあなたたちがあと一〇年後とかにご結婚されるとかお子様を産むんだっていう時に私たちが考えて悩んできたものがちょっとでも解決していたらいいなと思いますけどね。

周囲との関わり方

私は親戚たち全員にカミングアウトしていて、同世代の従妹とか従妹たちの結婚した相手とかにカミングアウトしてるんですね、全部。ただし、叔母の世代、うちの親世代、ちょうど八〇代前半とか七〇代後半くらいが我々の親世代なんですけど、全く理解はしてくれないですよね。

セクシャルマイノリティがちょっといるっていうのは分かるけど「珍しいんじゃない」とか「あんまりいないでしょ」みたいな答えが返ってくる。「本人が言わないから知らないかもしれないけど、本来なら人口の七、八パーセントはいるんだよ」って説明してもピンとこないみたいで。一〇〇人のうちに七、八人いるって結構な数だと思う。AB型の血液型くらいにはなると思うんですけど、一〇〇人いて七人いれば三〇人に二人くらいにはなりますからね。

ちょうどパートナーと出会った時うちの母はまだ健在だったんです。出会って一年後にちょうど離婚裁判をするんだよって言って、パートナーと娘ふたりも遊びに来てたりしたんですけど、その次の年に母親は亡くなりまして、私は両親が二人とももういないですね。妹がいるんですけど。

あとパートナーにはお父さんがまだ健在で、そのお父さんにしっかり伝えてはいます。お付き合いをして子どもも授かったと。その子どもがこれこれこういうふうな方法で授かったんだよ。そして産むことにしますっていうことをしっかり伝えてました。

生まれた後もやり取りというか、遊びに行ったり遊びに来たりとか、そういう繋がりはありますね。だから親戚づきあいに関しては、一番年齢いってるとしたらそのパートナーのお父さん。年齢いってるって言っても六三、四歳くらいかな。だからそこまで年配者ではないですよね。昭和の私たちと同世代だから昭和三〇年代生まれくらい。そんなに考え方が古い方ではないのでまだ理解を示している。ただ、昭和一〇年代とか、昭和ひと桁とかいう方は手厳しい意見が多いですね。まあ、しょうがないですけどね。

アウティング（本人の了解を得ずに暴露すること）は本来しちゃいけないということまで神経が及ばないって

いう感じで、私も母に話したことが親戚中に回っていました。みんなに話してるってことです。お友達とかにもしゃべってるので、親戚とかにアウティングは仕方ないなって思っちゃってますけどね。それでも内面に引け目を感じずにこれたのは母親の「あなたらしくいればいいよ」っていう一言があったからなんですけど。それはもうありがたい言葉だったなと思います。

私が女性が好きな現状を一切気がつかなかったって母親は言ってましたね。実は結構昔から女性と付き合ったし、あとは男の子も友達はいましたけど、遊び友達でバーッて遊ぶだけで付き合うわけではなかった。女性も男性もいっぱい遊びに来て泊まったりしているのは周りから好かれているからそうしているだけで、恋愛感情がそこにあるとは全く思わなかったのかもしれない。若いころは言わなかったから余計に分からなかったかもしれない。ある程度の年齢になってからですよね、私が母親に話したのは。

家族の証明――パートナーシップと公正証書

一応「公正証書」は交わしてます。自治体のパートナーシップ条例に基づいたパートナーシップ宣誓って今たくさん認められて、さいたま市でも早い段階でそれがあるんですけど、それって別に法的な効力を何も持たないのね。自分たちの自己満足の世界じゃないですか。

それをすることによって周りが同性婚を認めるべきだなって話が進んでいくならいいですけど、そうでなくて、例えばうちの市(さいたま市)でも「それ(パートナーシップ宣誓)をやった、だからマイノリティに対してても優しいんだよ」で終わられたら困るんですよ。やはりそれは婚姻関係を結べる状態にしていくための第一歩なだけで。それを活用していくっていうことだったらいいですけど、私の中ではそれに宣誓したからと言って何も法的に守られないんだったら、たくさんお金はお支払いしなきゃいけないんですけど公正証書をしっかり交わして公文書としておく方が安心だって感じたのでそれはやってます。

シングルマザーが受けられる支援はめいっぱい使ってます。多分私の扶養とかそういうのを差っ引いてもトントンなのかなと思いますよ。一般的な婚姻関係を結ばれてる方、その方たちってご主人と奥さんの収入を合わせた金額を市に公表して保育料とかが決まるじゃないですか。そしたら皆さん結構な保育料を払ってると思うんですよ。うちはシングルマザーとして登録してるので保育料、ほとんどゼロなんですね。五年間保育園に行きましたけど、給食費くらいしか払ってない。シングルマザー、シングルファーザー向けに受けられる経済的措置も年収がいくらの人はもらえて、いくら以上はもらえませんよっていう上限はあるんですけど、一応もらえる範囲でもらってます。

法律的なことで「あなたは親ですよ、あなたも親ですよ」っていうのがない。これから先、母親がほんとに亡くなったらこの子は誰が育てるんだっていうのがあるんですよ。だから、公正証書を交わしたんです。もしどっちかが病気で亡くなったりした場合、その子どもの養育は私に任せることが盛り込まれてる。お金払ってでもやらないとちょっと安心できないですよね。

パートナーシップ宣誓で宣誓書を出して受理される時に、その公正証書を交わしているか交わしていないかを重視する自治体も多いみたいですね。さいたま市もそれは重視してるみたい。だから宣誓してもいいかなと思うんですけど、別に宣誓しても宣誓書をもらうだけなんで、宣誓しに行ってないです。

まあ行ったら行ったで実質上のその数値っていうんですか、どれくらいの人数がさいたま市にいるんだろうっていうのを調べるきっかけにはなると思うので、それはやっぱりやるべきだよなあとは思います。

同性にも結婚の選択肢を

実生活に則した制度として同性婚が認められない限りは、我々の生活について一から十まで説明しないと多分分かってもらえないし、周囲に「従妹同士で暮らしています」っていうちょっとした嘘をつき続けないといけなくなっちゃう。

パートナーのママ友みたいな方たちが何人かいて、私も一緒にお迎えで保育園に行ったりするとそのママ友たちに会いますけど、その人たちの誰一人にもまだカミングアウトしてない。その辺もやっぱり様子をうかがっている感じではあって。

保育園で会うお父さんもお母さんも、仕事してる人ばっかりなんであんまりコンタクトがない。通っているスイミングに行ったらたまたまいたとか、繋がってるお母さんも何人かいる。でも皆さんお仕事が忙しいんでプライベートを一緒に過ごすとかはまずない。これが小学校になってどんなふうな親御さんたちとの関わりになるか。

保育園はないけど小学校になればＰＴＡの集まりとかそういうのあるじゃないですか。そうするとＰＴＡのクラスの委員を決めるとか役員を決めるとか会計を決めるとかなった時に言わないとつじつまがあわないようなことになっていく気もするし。

あと学校の先生にはアウティングに注意してもらいながらカミングアウトしないといけないかなとかいろいろ考えてますけどね。どうなっていくかなって。絶対にしなきゃいけないとは思ってないけど、そもそも親戚同士っていうのが嘘なんで。やっぱり誰かにはね、校長先生とか誰か分かんないけど言っておくべきなんだよなと思いますよね。

だから、制度としてはそういうの（家族の形態）を言いやすい書類とかがあればと思います。最初に保護者の名前とか——母親父親とか——書く時に、うちは「母親二人」と書いていて、「どういうご関係ですか」ってなった時にすんなり言えれば一番いいなと思ってます。来年には小学校に入学するんで、そのあたり言いやすくなればな。今は昔に比べたら言いやすいと思いますけどね。LGBTQっていう言葉がどんどん広まってきてる中で、「レインボーレインボー」って言ってこう、わーってなってるのもあまり好きじゃなくて。レインボーを前面に打ち出すのもどうなのかなって。

生活自体がもう進んじゃってるから「レインボー週間だ」って旗持って歩くのもどうなんだろうなとか思っちゃったりしますね。それより「レインボーなんだよ」っていうのが実生活で浸透していけば、理解してくれるような時代がくればいいかなと思います。ちょっと自分の持ち物に七色のシール貼るとか。今妊婦さんって妊婦さんのピンクのやつ（マタニティマーク）つけるじゃない。ああいうのがあればなんか言葉に出さなくても「もしかしたらあの人そういう人なんだ」みたいに。

男女のカップルもいれば女性同士のカップルもいれば男性同士のカップルもいて、女性っぽい男性と男性っぽい女性が付き合う場合もあれば。昔と違ってカテゴリー分けをする服装とかカテゴリー分けをする言葉遣いとか、何とか「らしさ」がどんどんなくなってきている時代になってると思うんですね。だからマツコ・デラックスさんとかりゅうちぇるさんとかが認められるようになってくるわけじゃないですか。

きれいな男性がいてもいいし、かっこいい女性がいてもいい。それなのに「らしさ」っていう言葉が世の中に浸透してるからこういう問題が起きるわけで。自分の好きな人と一緒に居れるシステムが成り立てば全く問題ないのになって思います。

うちにはパパはいない——子どもから見た家族

今のところ子どもは「まーちゃんとママ」って言ってるから、詳しくママと私の関係性は何かよく分かってないいんじゃないかな。ただ「三人家族で三人でどっか行きたい」とか「三人一緒にやりたい」とかそういう言葉は出る。ただしそこがまだどうしてってていうのに繋がってていってない。

「もうすぐ小学校に入るから旅行に行ったらお風呂は男の方に入んなきゃいけなくなっちゃうんだよ」って言っても「なんで?」みたいな。「そういう決まりだからそうなんだ」みたいな。まだ女の子の方に一緒に入っちゃってるんだけど、結構うるさいところだと身長が一二〇センチを超えたら男湯に入ってくださいみたいなところもある。またそれもなんかね、可愛そうな感じですね。一緒に入ってあげられない。だから家族風呂とかを借りて一緒に入るか、男の子の知り合いを連れてって一緒に入ってもらうか。

今のところ子どもの何かでつじつまが合わなくなったことはまだないです。今、核家族が多いのでお父さんお母さんと子どもが多いと思うんですけど、子どもにとって自分の家族って知らない間にハッて気づいたらできあがってると思うんですよ。

その家族はお父さんお母さんが当たり前のおうちもあれば、お父さんお父さんが当たり前のおうちもあって、お母さんお母さんもあれば、おじいちゃんとおばあちゃんに育てられてる子もいるから。それが自分の一番大事な家族だとしたらそこでストレスなく育っていくのが子どもが育つ環境としては良いと思うんで。そこが男女じゃなきゃいけないとか年配・若い人じゃないといけないわけではない。

だから私も五六歳で、ある意味初老に足を突っ込んだ状態ではあるけどそれでも家族として子どもが生まれた瞬間からもう五〇代が一緒に居るのは今のところは当たり前のことで、「どうしてうちにお父さんっていないの」って言われたことも一度もないんです。

ちっちゃい時にテレビを見て「パパ、パパ」って言ってたっていうのはあるけど、うちの誰かがパパじゃないんで。うちにはパパっていう存在がいないんだっていうのはなんか分かってるんでしょうね。「なんでいないの」とは聞かれたことないです。

隣に息子より二歳年上のお姉ちゃんとそれよりさらに二歳年上のお兄ちゃんがいて、今お姉ちゃん小学校二年生なのね。お兄ちゃんが小学校四年生かな。その子たちはちょっとお兄ちゃんお姉ちゃんだから「どうしてさ、パパがいないの」って。ほかの子からは言われたことないんだけど、うちの答えとしては「うちはママ二人なんだよ」って。「へーそうなんだー」くらいでなんか終わっちゃうんで。

「あのね、パパとママがいるうちもあるけどママとママの家もあるんだよ」って言ったら「へーそうなんだー」で終わり。「なんでー」までいかない。「パパはどっかにいるの」って言うから、「うーん、いなーい」って。「おじいちゃんはいるよ、遠いとこだけど」って言ったらおしまいって感じ。

息子はおそらく出自のことで悩まない

おそらく息子は出自について悩まない。私の中で心配もあるけど、愛情の構築がきちんとできていれば、いろんなことを自分で乗り越えられる能力っていうのが身に付くと思うんですね。愛情をきちんとかけてもらって、その意識がある人間は多分出自の問題にも太刀打ちできる。うちの子どもはもうそのあたりは太刀打ちできるんじゃないかな。大人が自信ないと子どもも「えー」って心配になっちゃうから、「うちはこういう家だからね」って大人が開き直る方が特に疑問も持たずにすんなりいってくれるんじゃないかな。

あとの判断はね、良し悪しに関しては本人が大人になった時にどう思うかの話だから。もうその歳になったらいっぱいそういう人たちが世の中にいて、「別にうちは普通だったね」ってなるかもしれないし。あと一〇年も経てば、また変わってくかもしれないしね。それに期待するのと、あと、あなたたちがお母さんになっていくころには私たちが抱えたちょっとモヤモヤした感じが少しでもなくなって、制度が変わって結婚は自由にできる時代になってればいいなって思いますけどね。

明治時代とかそのもっと前って、家と家で結婚するみたいな時代だったわけですよ。「あのうちの息子と結婚しろ」「あのうちの長女をもらえ」とかさ。親が決めてた時代からすれば、多分今は夢のような時代だと思うんです。自由恋愛ができるし。さらにもっと自由なことができる時代がそのうちやってくるだろうなとは思いますよ。「男女しか結婚できない時代があったんだ」って多分そのうち言われるんですよ。マイノリティってその時代のマイノリティっていうだけで二〇年三〇年たったらマジョリティに変わる。それを期待したいなと思いますけどね。

私、別にほら、ホルモン注射とかしてるわけじゃないから見た目も普通に五〇代の女性なんで。だから周囲の人が「ああ親戚なのね」って思ってる。言わなければ分からない。そうやって子どもを授かったんだよってことを周りが知らないので。

そのうちね、そういうことが言える時が来るかな、どうかなっていうところです。

(二〇二二年五月一八日、ZOOMによる遠藤あかりのインタビューを編集)

〈第二章〉四〇代で女性パートナーとともに二人の子どもを育てる〈マミーチャンヌさん〉の話

二〇代での結婚と離婚

自分のことを言えない、嘘をつかなきゃいけないっていうのがやっぱり一番しんどかったなと思います。私がセクシャルマイノリティだと気づいたのは二〇歳の時です。女性と付き合ってて、その時は、女性と付き合うことに生きづらさを感じていました。人と恋バナになった時は嘘をつくかカミングアウトをするかの二択なんですね。どっちかしかなくて。

今でこそＬＧＢＴっていう言葉が「あー聞いたことある」というくらいには浸透していると思うんですけど、私が二〇代の時って——もう一五年くらい前の話ですが——全然そんなのもなくて、とてもじゃないけど人に言えないっていうような時代だったんです。もともと男性とお付き合いをしてた時期もあったんですけど、当然カミングアウトするっていう選択肢はなくて。

今となってはもう私はレズビアンだと思います。

でも「彼女だけど彼」って嘘ついたりとかすると、まあまあ話のつじつまが合わなくなってくるんですよ。それでもうこの話やめたいと思うようになり。結構そういうのでつらかったです。

そういう時代だったので、当然親にも言えないと思っていたんですよね。今でこそうちの親も知ってて応援してくれてるんですけど、当時は親にカミングアウトする選択肢がなかったし、その時のパートナーと一生添い遂げたいって思っても、人に言えず、そのビジョンが全く見えないっていうことに結構疲れてしまったっていうのは正直あって。ちょうど女性のパートナーとお別れしてたタイミングで——二五、六歳の時に——元夫と出会いました。「いいや、結婚しちゃうか」っていうような感じで元夫とは結婚しました。

今の家族になるまで

結婚して子ども二人に恵まれたんですが、結婚生活がうまくいかなくなって、私が離婚したいって言ってたんです。その時に元夫に言ったことが、「子どもたちが自由にあなたに会えるとこにいてやってくれ」と。子どもたちが元夫——言ったら父親ですよね——父親に会う権利を私は絶対に奪いたくなくて。でも私は別に元夫に会いたくないんですよ。私は別にもう元気に暮らしといてくれたらそれでいいので。子どもたちが自分たちで行ける距離に住んでてほしいっていうのがあって、本当に近所に住んでるんです。

私、結婚する直前に元夫には女性と付き合っていたことを言ったんですね。その時は私もレズビアンだとは思ってなかったというか、バイセクシャルなのかなと思ってたので「女の人とずっと付き合ってたんだよね」って話はしてた。でも「へーそうなん」くらいの感じで。なので、今こうなってることを私からは直接元夫には言ってないんですけど、多分子どもたちが言ってると思うんで、ちょっと気まずいなって。

子どもたちへのカミングアウト

るいさんと交際中、彼女が早い段階で家族になりたいっていうふうに思ってくれていた記憶があって。私はどこでそれを思ったかって言うと、るいさんが私の子どもたちと会う頻度が異常に多いっていうのと、子どもたちにかけてくれる愛情が私のほかの友達よりも濃いというか、深くて、子どもたちもすごくなついていたというところで、そう思いました。子どもたちがるいさんに圧倒的になついていたんですね。

下の子は当時保育園児だったので、遊んでくれる人になつくのは分かるんですけど、長男もめちゃくちゃなついてたんですよ。うちの長男、割と人なつっこいというか、あんまり人見知りもしないので誰とでもしゃべるんですけど、それにしてもるいさんとなにかとスキンシップとるというかべったりというか。

それを見てたらやっぱり私は母親なんで、自分が幸せかってことより子どもたちがどれだけ幸せそうかっていうところに一番重点を置くんですよね。それで子どもたち見てたらすごい楽しそうやし、当時はまだ一緒に住んでなかったんでるいさんが帰る時にもう次男とかも泣いて泣いて。

来週も来るのに「帰らないで」って言って泣いたり、長男も――泣きはしないですが――「えー帰んの?」みたいな感じでした。やっぱりここまで子どもたちが好きな他人ってほかにいないなと思って。

なのでもし子どもたちがそこまでなついてなければ、私はただお付き合いをしてただけだったかもしれないです。やっぱりそこまで子どもたちが「るいちゃん、るいちゃん」言ってるから、それなら家族になりたいなって思ったのがきっかけですね。

私たちにとって、子どもたちに二人の関係をカミングアウトするっていうのが、すごくハードルが高いことでした。言ってしまったら取り返しがつかないので。カミングアウトをして、例えば子どもたちが精神的に不安定になったらどうしようとか、いろんな悩みがあったんです。けど、ちょっときっかけがありまして。

カミングアウトのきっかけ

長男が今中学校一年生なんですけど、その当時は小学六年生になる直前で、五年生の春休みに私から長男に直接話をしました。「お友達だって紹介してたんだけど、るいさんは実はママのパートナーで、ママは女性を恋愛対象としてるのね」って話をした時に「そうなん」っていう感じで受け入れてくれて。

それで「今後、今すぐじゃなくても、るいさんも含めて四人で家族だっていうふうに思えるようにしていきたいから、そのつもりでいてくれたらうれしいな」って話をしたところ、なんか非常にすんなり受け入れてくれまして。

「もう家族みたいなもんなんじゃない」

っていうふうにその時に言ってもらって。その時はまだ一緒には住んでなかったんですけど、

「うちはこれが新体制の家族だよね」

って子どもたちの中でも認識が深まっていったかなって思います。

るいさんの仕事は土日が休みなので、その後しばらく土日にうちに来てもらって。私たちは大阪に住んでるんですけど、当時るいさんは和歌山に住んでたんですね。和歌山から毎週末来てもらってて。そういう週

未婚的な期間が一年くらいありました。

長男にカミングアウトしたのが彼が小学五年生の四月入ってすぐのころですね。なのでちょうど一年ちょっと前になるんですかね。次男にも長男にカミングアウトしてからすぐに言って。別々に言ったっていう感じですね。

やっぱりその前からずっと、るいさんと会えば、気づけば、子どもたちにカミングアウトをするかしないかの話に必ずなるんですよ。カミングアウトをして受け入れてくれるかもしれないし、受け入れてくれないかもしれないしと……。

受け入れられなかったとして、せっかくこれまですごく楽しく過ごしてたのに、それで距離ができてしまったり、関係性が変わってしまったり、「るいさん、るいさん」って言ってたのがそう言わなくなってしまったりすることが心配でした。さらに、もっと深いところで彼らが生きづらくなってしまうのではないか、っていう悩みもすごくあって。

るいさんも私もカミングアウトしたいとは思ってたんです。「私はカミングアウトしたい」「私はしたくない」っていうような意見の相違はなかった。お互いに「カミングアウトはしたいよね」「分かってもらいたい、家族って思ってもらいたいよね」って認識は同じでした。ただ悩みも同じで、「どうする？」「こういうリスクもあるよね」「こういうメリットもあるよね」っていうところでずーっと毎回同じ話をしてたっていう感じですね。

でも、これはほんとにやってみないと分からない話で、結局何回この話をしても前には進まないんだよねって二人とも思うようになって。

タイミングとしては長男が小学六年生になる直前なんで、ちょっと反抗期が入ってきそうな気配がしてたんですね。「ちょっと待てよ」と思って。これが進んでほんとにガチの反抗期に入っちゃったらなかなかこんな話聞いてくれないかもしれないとか。それこそ聞いたところで反抗したいのが止まらないから受け入れられないかもしれないとか。そうなってしまったらいけないなって思って、そこは慌てて、「もうそろそろ言わないといけない」みたいな感じでちょっと焦ってカミングアウトしたっていう感じです。

当時は別々に暮らしていたので、るいさんが一緒にいない日の夜に、私の方からるいさんに「今日言うわ」って言って。「るいさんにはどんな話になったか報告するね」って言って長男と私の二人だけで話をしました。

子どもたちに受け入れてもらえるかどうか

心配だったのはとにかくもう子どもに受け入れてもらえるのかどうかということ。でもこういうのって、言ってその時に受け入れてもらえるのはそうそうないことと思っていました。最初は受け入れられなくても、時間をかけて分かっていってもらえるんじゃないかっていうのもありました。かなり緊張しましたけどね。

ほんとにこう、博打みたいでどうなるか分からない。長男の性格からすれば「大丈夫ちゃうかな」とは思ってたんですけど。でもやっぱり、いざ自分の母親がってなるとやっぱりショックかなと思って。周りの友達とかがLGBTでも「そうなんや」くらいですんでも、いざ自分の親となると自分の身にも降りかかってくるから、やっぱりそこって割り切れるのかな、っていうか理解できるのかな、ってところで、そこはすごく心配でした。

子どもは「LGBT」っていう言葉を知ってましたね。というのも、私が離婚してからちょいちょい匂わせてたんですよ。例えばテレビとかで同性婚訴訟とかのニュースが出たりとか、そういうLGBTの話題の時に、「こういうのについてどう思う？」とか。当時まだ彼は全然知識がなかったので「結婚式は挙げていいの？」とかそういうことを聞いてくる。私は「結婚式は挙げていいんだよ」と答える。「ただ法律的に配偶者になれないけれども結婚式挙げてる人はたくさんいるよ」っていうふうに、そういう話題に持っていく。私からその話題に持ってはいかなかったですけど、ニュースとかに出てきた時はもう「今だ！」みたいな感じで話はしてた。「ふーん、そうなんや」みたいな感じでその時は全然嫌悪感とかは見せるふうではなかったですね。

次男はまだ年長さんになる前で小さかったので、多分そんなに固定観念がなく長男よりはハードルが低かったんです。冗談っぽく、

「るいちゃんがさ、もし家族になったらどうする？」

とか、

「るいちゃんとママが結婚したいって言ったらどうする？」

という話をした時に、

「えー全然いいよー、家族になってほしー」

とか言ってたので、まあ大丈夫だろうと。次男に関してはそんなに心配はなかったです。

子どもは六歳差です。うちは実は兄弟喧嘩が多いんですよ。だから二人で私とるいさんが付き合っていることについて話してるっていうことはないんですけど、でも二人の認識は多分同じなんじゃないかなとは思いますね。二人ともほんとにるいさんのことを家族と思っていて、それに関しては認識にズレがなさそ

うに感じます。

うちはママが二人――パートナーと子どもたち

うちはもともと私が「ママ」って呼ばれてはいたんですけど、最近はなんか「チャンヌ」とか言われてます。「チャンヌー、今日ご飯何?」みたいな感じで。

子どもたちはるいさんのことは「るいちゃん」って「ちゃん付け」で呼んでいて、そこに「お母さんって呼ばないといけない」みたいな感覚はないですね。るいさんも別に「お母さん」って呼んでほしいわけでもなさそうな感じです。同性カップルで配偶子提供で子どもを迎えた場合は「ママ」と「お母さん」って呼び分けみたいなのありますよね。るいさんは途中から来ているから別にそれがダメとかそういう意味ではなく、家族だけど「お母さん」って言われたら――多分立場的には親と思ってると思うけど――「お母さん」って呼ぶ感じではないな、と思ってるんじゃないかなとは思いますね。

次男は学校で「うちはママが二人だから」みたいな感じで言ってるんで、立場としてはママと思ってはいるんでしょうけどね。そうそう、「保護者」って感じかな、そんな感じだと思います。

去年の一二月からるいさんが本格的にこっちに引っ越してくることになって、今はこの家で同居しています。なので、るいさんは今、大阪から和歌山まで毎日仕事に行ってます。

一応、学校とかにも「こういう家族ですので」っていうお知らせをしてて、子どもたちもうちはこういう家だと――「ママが二人います」っていう感じで――認識してるっていうのが現状です。

周りの人へのカミングアウト

長男の学校の担任の先生には「ママが二人いる家庭であることが情報として必要なのであれば関わる先生には言っておいてください」っていうふうに言っています。学校の先生は「あ、はい」みたいな反応でした。「あ、はい、って、え？　もっとないん？　もうちょっとない？」って思ったけど、でも後から考えれば別に「あ、そう」でしかないみたいな。

そういう感じで今のところは何か特に大ごとにもなってなくて。学校の先生にとってはこういうことはどうでもいいんだって気づいたんです。あとは「自分からお友達とかに言うかどうかはもう本人に任せます」って伝えて、言うても本人も中学生なので多分そんなに家族の話とかってあまりする時期でもないのかなと思ってて。そこはもう「どんなふうに言っても別にいいよ」って本人にも伝えてます。でも多分言ってないんじゃないかな。てか、言う機会がないみたいなことは言ってました。「言う機会があるんだったら言うけど、別にわざわざ言うことないなぁ」みたいな。だからまあそれくらいかな、長男の周りは。

長男の保育園の時の昔っからのお友達のお母さんとか、すごくお付き合いが長い人には言っています。新しく小学校に入ってから出会ったお友達のお母さんとかには全然私からは言ってないです。

次男の方は、保育園の時に先生にお話をして、小学校に上がる時の引き継ぎの時に伝えてくださいって伝えてあったんです。小学校へは改めて私からお手紙で伝えて。あとは、学童に行ってるんで、学童の先生と、ほんとに仲のいいお母さん一人二人くらいに言ってます。

これはるいさんと話し合って決めたことなんですけど、授業参観とか運動会とかは一緒に行く。その時るいさんは結構「誰だろうあの人」って目で見られるんですよね。私は次男ちゃんのお母さんって見てもらえるけど、るいさんに対しては「誰かな」みたいな。知らない人のその目が結構きついだろうな、しんどいだろうなと思って、もういっそのこと言った方がいいかなっていうのでちょっと話し合ったんです。

このないだ学級懇談会があって、その時にLGBTとかレズビアンっていう言い方をしなかったんですけど、「うちはちょっと珍しいかもしれないですけど女二人で子育てしてるので、もう一人のお母さんと時々一緒に来ることがあると思うのでよろしくお願いします」みたいなそんな言い方でカミングアウトはしました。

もうなんか「言ってしまえ」みたいな勢いで言ってしまったところもあるんです。懇談会に参加してた人たちは「うんうんうん」みたいな感じで聞いていて、「ほんとうに意味分かってんのかな」ってちょっと思いました。「そうなんですねー」って言われてね。ほんとのことはちょっとよく分かってないのかもと思いつつ。でもその辺はね、分かってもらってなくてもいいかなとは思うので。特になんか言われたとかは今のところはないですね。

お姉さんなのかなとか、そう思われてるかもしれないな。「女二人で子育てしてるんです」って言うとそう思われてるかもしれないですね。うん、そうかも。

この人には分かってほしいっていう人にはるいさんが「親戚」っていうことにはちょっとできなくて、なのでそれこそ「女二人で子育てしてるんです」って言いたいんだけど、「女二人ってどういうこと?」って言われたら困りますよね。そこはまだ考えてない。そこはまだ考えてなくて、ほんとに仲いい人とかで知ってほしい人には「実は同性のパートナーでね」って言ってるんですけど。でも誰にでもそれを別に言いたいわけでもないから。

でも私は多分嘘はつけないだろうな。踏み込んで聞かれたら同性のパートナーって言うんだろうなって思います。今はそんな感じですね、子どもの周りは。

住んでいるところはそんなに言うほど田舎でもないけど、すごく都会というわけでもない。どっちかっていうと下町っぽい感じのエリアにはなりますかね。セクシャルマイノリティへの理解に地域差はあると思います。

ほかの人の話を聞いてると、やっぱり地方はカミングアウトしにくいってみんな言ってます。カミングアウトするとすぐ広まる。もうあっという間に広まっちゃうっていうことがあります。ご年配の方とかも多かったりするから理解度が進んでないところもあるとは聞きますね。そういう意味では今住んでいる地域は理解がちょっと進んでるところではあるのかもしれないですね。周りはいろんなこと思ってはいるんでしょうけど、面と向かってなんか言われたこととかは基本的にない。

ＬＧＢＴＱに対する理解

同性のパートナーだということをカミングアウトするためには、社会がもうちょっとそれを受け入れてから——それがもう少し感じられるようになってから——にしたいですね。正直、同性婚はしたいのはしたいんですけど、今はもう事実婚みたいなもんで——男女でも事実婚の方おられるので——それと同じ感覚です。そこはあまり——同性婚ができるかできないかは——カミングアウトには関係ない。やっぱりＬＧＢＴＱに対する理解度が大事。理解度というか、「あ、そうなの」ぐらいに思ってもらっていいと思うけど、もっとＬＧＢＴＱがいることが普通の社会だと感じられるようになってくれたら、もう少しストレートにバンって言えちゃうんだろうなって思いますけどね。

なんだろう、やっぱり固定観念なんですかね。普通は男の人と女の人で恋愛するみたいな、「普通は」みたいなのが嫌な感じがする。あとはＬＧＢＴと言うとなぜか性的なことに興味を持たれるというか……。「もうどうでもよくない？」「あなたがそうするわけじゃないでしょ」みたいな。うーん。分からないから知りたいんですかね。でも理解したいとはちょっと違う感じするでしょ。

ほんとにたまたま私はそういう不穏な空気を誰からも感じたことはないんですけど、やっぱりちょっと上の世代とかだったら結構嫌なのか、なにか異質なものととらえてるだろうなって思った経験はありますね。それはなんかこんなふうに女性のパートナーと一緒になる前から助産院とかで感じていました。助産師さんが差別的な発言してたりとか。私は子どもがいて結婚してたけど、でも私は自認的には最低でもバイセクシャルだと思ってたからなんか嫌だなとか、モヤつきながら帰ったりはしました。「普通にそういうこと言えちゃうんだ」みたいなこととかはありました。それから一二年ぐらい経ってるんで、時代が変わってその人ももうそうそう言わないかもしれないですけどね。でもその時は結構「えー」みたいな。分かってるようで全然分かってないっていう感じの、お勉強とかしておらへんのやろなって。そんな感じでしたね。

でも、今のところ子育てではセクシャリティのことで嫌な思いはしたことないですね。

親の反応

うちの実家は、両親と弟と妹がいるんですけど、もともとうちの母と妹は私のセクシャリティを知ってたんですね。母には結婚してから言ったのかな。だけどまあ少なくとも最近伝えたわけではなくって何年も前からそのことを知ってて。

そのことを伝えた当時は、母はちょっと嫌そうでした。ちょっと嫌そうだったけど、でも私が結婚生活をしてるのを見てて、母も男の人となら幸せになれるわけではないっていうことが分かったんですよね。それもあって割とそこは寛容に。

るいさんのことも割と早い段階で母には紹介したんです。そしたらるいさんともすごい気が合って。というか、話も楽しく弾んだみたいで。私たち二人のことをすごい応援してくれて。妹にも「今こういう感じなんだよね」って言ったら「ああそうなんだ」って言ってくれた。「幸せになってくれたら私はもうそれでいいから」みたいな感じで。「一二月からるいさんと住むことになったんよね」って母に言ったら「あぁ、そうなんや、よかったね」みたいな感じでした。

弟はちょっと離れて暮らしてるんですけど、あんまり日ごろから絡みがないのでフェイスブックでちょっと言っといたみたいな感じ。特に何も言ってこない。

父にはずっと言えてなかったので、住むことが決まったタイミングで全部言ったんですよ。だから父としては「はぁ?」みたいな。いきなり誰かと住むって言い出してそれでパートナーが女性だって言い出して相当混乱したと思うんですけど。圧倒的に知識や理解が足りてないのは母より父だったので、もう見てもらうしかないなと思って。

最難関はやっぱりこの父親だったんです。私の父は今六〇歳くらいなんですよね。なのですごい昔の人だし、お父さんは無理だろうと思いつつ。まあちょっと勇気を出して言ったところ、最初はやっぱ「ウー」っていう感じはしました。でももう私の人生だからそれは何も言わないみたいな感じだと思うんですけど。うーん、ただなんか「もう慣れやろ」みたいなことを父は言ってました。「今聞いたからちょっと混乱はしてるけどまあ慣れていくと思うから」みたいな。

実際、何回か会って過ごしていく中でいろんな話もして、今はずいぶん慣れてはきたのかなっていう感じ。例えば「るいさんの誕生日、なんかした方がいいかな」とかは両親ともに言ってくるようになったので、おおむねうまくいったかなっていう感じはします。

やっぱり私も親になって子どもが幸せそうなら何でもいいかなっていう気持ちになるのが分かるんですよね。だから多分父も、私たちが楽しそうにしてるのであれば、なんかそんなにいつまでも「受け入れられへん」って言うことはないだろうし。父も一緒に過ごす中で、そんなにおかしなことでもないなって分かってくれるようになったんじゃないかなって思います。一緒に遊びに行ったりご飯食べたりとかしているうちに「別に男とか女とかそんなにどうこう言うことじゃないな」って思ってくれるんじゃないかなって。

父へのカミングアウトの時はすごいさらっと言って、あんまりちゃんと話さなかったんですけどね。もうほんとに事実だけで、「同性のパートナーがいて一緒に暮らすことになったんよね」「子どもたちもすごいなついててすごい楽しくやってるから、そういうことで」みたいな。そんな感じで終わったんで、あとはもう見ていってもらうしか、リアルに理解はできないと思うんですよね。

言葉で「こうだよ」とか——例えば本を渡して「これ読んで」って言ったところで——リアルには分からない。LGBTについては知ってたんですよ。「LGBTってやつやろ」って言ってたんで。でもそれを、例えば本とかで勉強したとしてもそういうことじゃないんだろうなって、親にとっては。

なんか知識を入れていくより先に肌感覚で「別に普通かな」って思ってもらった方が早いし、理解が深まるかなと思ったので家に遊びに来てもらってご飯食べたりとか、「お父さん、お誕生日だからみんなでちょっとお祝いしよう」って言ってみんなで過ごしたりとか。そうしてるうちに父の方が普通の感じになってきたので、うちはこれでよかったかなっていうような気がしますね。

でも、「ほんとに分かってんの？」っていまだに思うことはあります。だってほんとだったらすごい不思議じゃないかなって思うんですよ。過去には男の人と結婚してたりもしたわけでね。「いつから？」とか「なんでなん」とか気になると思うんですよ、ほんとは。けど、それは聞いてこないから。だから「ほんとに分かってるかな」って思っちゃうんだけど、でも「多分聞けないんだろうな」とも思っていて。そこはふわっとさせたまま実生活だけ営んでるって感じです。

親にカミングアウトは難しい。友達なら「ここで出会ってこうでこうでこうや」っていう話ができるけど親にそこまで言わなくていいし。親も「そんなに根掘り葉掘り聞いちゃダメなのかな」って思うんだろうし……。だから、難しいですよね。

親戚にカミングアウトするかどうか

ただ、両親より外の人——例えば従妹とか叔父・叔母——とかにはもうそこまでは言うつもりはないですね。なんか親よりも遠いから。親だからこそ私たちのこと理解しようと頑張ってくれたんだと思うんですけど、叔父とか叔母とかは「血縁関係があるというだけの他人」みたいなところもあったりするので。わざわざ言わなくてもいいかなって思ったりはしてます。

ほんとやったらもう普通に言いたいというか、周知させたいところだけれども、やっぱり人によっては受け入れられないだろうから、そこはちょっと慎重に、という感じですね。だからもう全世界が理解ある人たちだったら普通に言ってると思います。

私たちだけのことだったらなんか言われたとしても「うるせえよ」って思って終われるけど、やっぱり子どもたちが親のことでなんか言われたりしたらつらいなっていうのがどうしてもあって。

性格的にうちの上の子はハートは強くて「何が悪いん」みたいな、「悪いことしてないやん」みたいな感じで言い返せちゃうのですけど、下の子が意外と気にしいなんで、まあちょっとそこは心配してて。

ただ、次男は普通に堂々と「うちはこの二人やから」みたいにお友達とかにも言ってて。お友達とかも最初は「え、ママ二人なん？」みたいな感じで私とかにも言ってくるんですけど、私が「あぁそうやねん、珍しい？　初めて？　ほかに知らない？」とか言うと「知らない」。私としては「あぁそうなんや」って言う感じ。それで「実はけっこういるんやで」みたいな感じで言うと、まあすんなり納得するんですよね。学校とかに行ったら「あぁ、るいちゃんだ」って友達とかも言ってくれたりして。たまたまそういう純粋な子が周りにいてくれたということかもしれないけれど、みんな「るいちゃん、るいちゃん」「あ、るいちゃん来た」みたいに言ってくれて。「君たちはるいちゃんが誰か分かってるのか」と言いたいところもあるけど。でもなんか「るいちゃん、るいちゃん」って言ってるから、まあいいよねっていう感じで。

これから何があるか分かんないけど、次男は今小学一年生なんで、ややこしい三、四年生の時期になってくるとやっぱり分かんないかなっていう心配はちょっとありますけどね。

パートナーシップと法整備と反ＬＧＢＴの動き

戸籍的には私の子どもたちが一緒でるいさんは別です。ファミリーシップとかもまだ全然ないので、ほんとに法的には他人なんですよね。シングルマザーの子どもと同居人みたいな感じになってるんです。

例えば私が入院するとか、子どもが入院するとか、そういう時って、るいさんは親族として扱ってもらえない。このデメリットが私たちがリアルに考えつく課題の中で一番大きいんです。

今はそういうことに直面してないので別に問題はないんだけども、これでほんとに私が入院するとかね、子どもが怪我してどうこうなると私しか対応できない。私のことだったらるいさんじゃなくてもう私の親とかしか対応できないんで。ほんとに対策の取りようがない。

パートナーシップも一応大阪府は結べるんですけど、うちらはパートナーシップ結んでないんですね。「正味、効力ある?」ってちょっと思ってて。気持ちの上ではパートナーシップ結びたいのはやまやまなんですけど、それを結んで、ほんとにどこの病院でも使える? とか、学校でも本当に親扱いしてもらえる? とか――例えばPTAに入れるとか――ね。そういうふうに親として扱ってもらえるなら考えるんですけど。

噂では病院とかでパートナーシップの証明書を出しても「なんですか、それ?」みたいな対応だったりするみたいで。「うちはちょっとこれ、見たことないですね」とか言われてなかなか浸透していないみたいです。「パートナーシップを受け入れてくれる病院を探すのが大変」って聞いたこともあって、ちょっとまだやなっていうふうに私たちは判断してるんですね。というわけなので余計に対策が立てられてなくて。ほんと、どうしようと思ってます。

シングルマザーの手当てがあることもパートナーシップを結んでいない理由の一つでもあって。本当に同性婚ができて扶養に入れてっていうようなことが可能ならばいいんですけど、これも噂ですが、例えばパートナーシップだと扶養は入れないけど「パートナーシップ結んでるからあなたシングルじゃないでしょ」って言われて、母子扶養手当とか切られちゃうという可能性があると聞いて。言ってみたら、それ、一番損じゃないですか。

得られるはずのものが一つも得られないっていうのがあまりにも不公平だよねって思います。だから気持ちの上ではパートナーシップ結べたらそれだけでもなんか違うっていうのは分かるんですけど、でもやっぱり生きていくことを考えるとシングルマザーの補助切られるときつい。実際のところうちの自治体は結構シングルマザーの補助は手厚くて、これを切られちゃうとすごいしんどくなっちゃう。それも一つの理由ですね。

パートナーシップ制度にはあまり効力がないし同性婚も進まないので、私たちももうちょっと年齢重ねていったらほんとに公正証書のことを考えなきゃいけないかなって思ったりしてるんです。ただ、今のところ具体的には話は進めていません。なので本当に何の対策もしていない状態ですね。

私は同性婚が実現してほしいって思ってるんですけど、ただ同性婚が整備されたとしても、それでも結局結婚できないって思う人は多分いると思うんですよ。それは、例えば地方にいて、同性婚であることがあっという間に広まっちゃうとか、そういうことでやっぱり実際行動には移せないよねっていうところは絶対にあると思うので。

「LGBT平等法」みたいな、結局は差別をしたらだめだっていうような法律ができれば、表立ったそういうトラブルとか表立った反LGBTみたいな動きがなくなって少し生きやすくなるのかなとか思ったりします。でもどうなんですかね。なんかそんな感じで法整備したからといってそんなに簡単にすべてが丸く収まる気がしないというか……。難しいな。

やっぱり何事にもアンチっていますし。法が敷かれたとしてもアンチは消えないじゃないですか。同性婚ができるようになったからと言ってアンチがいなくなるわけでもないし。だからなんか差別的な目をする人は結構いつまでもいるだろうし難しいよねとは思います。こんなことを自分で言ったら元も子もないですけど、みんなが安心して同性婚ができるようになるのは結構無理があるなと。やっぱり全然違う考えの人がいる以上完全に安心することはできないなって思ったりします。

仕事とセクシャリティ

多分るいさんは、職場で自分のセクシャリティを言ってないと思います。あんまり言うとまずい、職場的にあんまり良くなくなりそうってちょっと思ってるって。

私は自営業なんですよ。仕事は英会話教室です。ひとりでやってるので全然そういうことに無縁というか。誰かに知られるかもとか心配することはない。ただ、子どもを教えてるので、子どものお母さんとかにばれたらどうかなとか思うんです。過去にはこれはもう絶対にばれてはならんって思ってたんですよ。なんですけど、最近はそれで嫌ならやめていただいてもいいかなって思うようになった。それでやめはるくらいならそれまでよねって思って。そこに差別的な目があったとしても、私がきちんとその子に向き合えてたなら本来そこは関係ないから。それでも嫌だって言うならもう引き留める理由はないよなと思って。だからわざわざ生徒とか保護者の人に言ってはいないんですけど、なんかで知れたらもう隠さずに言うしかないんだろうなって思ってます。

ひとりじゃない職場はやっぱり、すごいきついと思います。よっぽどのアライ（LGBTを理解し、支援する人）の企業じゃない限りは、やっぱなかなか言えないと思うから。だからるいさんも一応大阪に引っ越してくるっていう時に「男性と付き合ってて一緒に住むことになった」って言ったみたいで。だから逆に「なんで結婚しないの」とか言われるみたいです。「一緒に暮らしてるのになんで籍入れへんの」とか言われるって言ってましたね。その時るいさん、どうやって返してるのかな。適当にさらっと流してるんでしょうけど、まあそれも「セクハラちゃう?」って思いますけどね。「結婚しないのとか興味本位で言わない方がいいよそれ」って思うんですけど、誰が相手であっても。なんかそういうふうに「自分は男性と住んでいるということにしてる」って言ってました。

るいさんの職場はすごい人数が多い職場で、結構いろいろな人がいろいろな人の噂をするところみたいで、るいさん自身いろいろな噂を聞くみたいで。ってことは自分の噂もされるじゃないですか、絶対。それがもう目に見えてるから、そんなん絶対嫌やからとりあえず今はもう「男の人と暮らしてる」って言ってるって。

それが多分ばれることもないと思うんでね。地元じゃないんで。こっちじゃないからまあ別にそう言ってて問題はないかなっていうことなので多分それで通していくのかなっていう気がしています。

最近の思い出

これ最近——先々週——のことなんですけど、名古屋のレインボープライド〈LGBTQのイベント〉に家族で行ったんですね。それが一番思い出になったかなって最近すごく思ってて。これまでも普通にピクニックに行ったりキャンプに行ったりとか、家族でお出かけすることはあったんですけど、LGBTQのイベントに出たのはあんまりなくて。

全くないことはなかったんですけど、その時まだ子どもはただ連れて行ってるみたいな、子どもはついてきてるみたいな感じだったので。子どもたちが楽しんでるっていうようなイベントでもなかったので、まあ付き合わせたみたいな感じで。

でも今回はパレードも一緒に歩きました。下の子は単純に「歩いて疲れた」みたい感じだったですけど、上の子は子どもながらに多分何かしら思ったものがあったんだろうなって思っています。

この長男は日ごろから「なんで同性婚ができんのや」とか結構そういうことは言ってるタイプなんですけど、でも改めてパレードに参加してみていろいろ思ったんだろうなって思うし。普段私たちは家族だと思ってるけど、誰かから、社会からあなたたち家族ですよって言われることって、まあ今はなくて。例えばお友達とかは家族と思ってくれてますけど、大きな場で「あなたたち家族ですよ」っていうふうに認識される場はない。今回、レインボープライドに出てすごく家族であることを認めてもらった、そんな感じがしたんですよね。家族で出ることで「あなたたちは家族ですよ」ってその場が言ってくれている。それは私にとって結構感動的なことだなと。直近の出来事ですけど、私にとってはこれは大きな思い出になったなっていうふうには思います。すごく楽しかってん。

自分がセクシャルマイノリティであることを隠さなくていい、当たり前の空間は安心です。そうです、心配がない。普段も別にびくびくして生きてるわけじゃ全然ないけど、あの空間に行ってみて普段何かを気にして生きてたんだってことに気づいたというか。あそこにいた人のほぼ一〇〇パーセントがセクシャルマイノリティかアライじゃないですか。「私この場ではマジョリティだぜ」っていう、そのことにすごい感動したというか。多分この「私たちのセクシャリティを悪く言う人はこの場に一人もいない」っていうことにすごい安心したんですよね。

子どもたちはアライ

うちはほんとに子どもたちが根っからのアライ。まあアライに生まれてくれたのか、もしくはアライに育てることに成功したのか分かんないですけど、ほんとにすごく多様性に寛容、理解のある子どもたちに今のところ育ってくれているので、とにかくこのままいってほしいという気持ちがあります。

私たちだけのことじゃなくて、いろいろな人を受け入れる子どもたちに育ってほしいなと思います。私たち家族としても、いろいろあるとは思うんですけど、このままずっと仲良くいられたらいいなと思います。それでやっぱり子どもにも、できれば今回の名古屋のレインボープライドみたいにLGBTQの活動に一緒に参加してもらえたらいいなと思ってて。彼らがついてきてくれる限りはそういう場に子どもたちを連れていきたいなと思ってます。

そういうところでLGBTQの人たちに――私たちLだけじゃなくていろいろな人に――会うので。ほんとに彼らにとってもトランスジェンダーとか全然珍しい人じゃなくなって、そういう経験をさせてもらえてるのが、より彼らの経験と知識と理解を深めることにもなると思うんです。

これからも一緒にLGBTQの活動ができたらいいなって思いますし、これは私の勝手な彼らへの押しつけですけど、同じようにLGBTQの家族の子どもに希望とかそういうものを与える存在になってくれたらいいなって思います。勝手な思いの押しつけですが。

だから「ロールモデル」って言うとなんかすごい大それたことを言っていると思うんですけど、実際、「ステップファミリー」（血縁のない親子・きょうだい関係を含んだ家族の形態）でロールモデルになる人っていうのを見ると周りもきっと理解が進んでいくと思うんで。
私たちも一つのロールモデルでいたいなというふうには思ってます。

（二〇二一年五月二七日、ZOOMによる遠藤あかりのインタビューを編集）

〈第三章〉

三〇代の女性二人で一歳の子どもを育てる〈かえでさん〉〈りつさん〉の話

二人の出会い

かえで　私はレズビアンかなと思うんです。昔から女性が恋愛の対象でした。

りつ　私はちょっと分かってないんですけど、あえて言うならパンセクシャル〈全性愛〉なのかな。今までは男性とお付き合いしてて、女性に対しても特に恋愛感情を感じたこともなかったんですけど、今回、彼女との出会いがきっかけで彼女のことを好きになって、お付き合いしてからは、それはそれですごくしっくりきてて、って感じなのでパンセクシャルなのかなーと思っています。まあでもこの先他の人と付き合うつもりはないので、ちょっとよく分かんないです。あえて言うならパンセクシャルに当てはまるのかなとは思います。出会いで言うと……。

かえで　三年前だよね。

りつ　三年前か、そうだね。

かえで　二〇一九年。うんうんうん。仕事は同じとこじゃないんですけど、仕事関係での交流みたいな場で出会って、それで付き合い始めたのが一九年の七月だよね。

りつ　うん。

かえで　もうすぐ三年っていう感じです。

りつ　年数的には全然まだ短いけど、ちょっとその年数の短さには納得いってない。なんかもう一〇年くらいの付き合いみたい（笑）。何しててももうこの人以外いないっていうのをひしひしと感じるというか。

かえで　ぴったりくる感じがあるので。

りつ　なんか楽しい時もそうですけど、大変な時とかもこう、問題の乗り越え方とかが合う。話し合ってちゃんと解決できるとかも。一緒に居やすいっていうのがあるかな。

かえで　割と男女でもね、結婚する人は案外付き合ってすぐにビビッときてっていうのがあると思うんだけど、それと多分似たような感じじゃないかなと思います。出会えてよかったなと思います。

りつ　うんうん。私も彼女もお互い出会わなければこんなに幸せじゃなかったっていうのは思ってるね。

かえで　うん、そうだね。付き合って二〇二〇年にコロナが来ちゃったじゃないですか。二〇二〇年四月かな、緊急事態宣言とかがあって。その期間ちょっとそれぞれ自粛というか、それぞれ一人暮らしの感じだったので、ちょっと会うのやめとこうかみたいな感じで会わない期間もあったんですけど、もういっそ家族になって一緒に暮らそうかってなって。もうそのくらいからうちには来てたのか。実際に引っ越ししたのは夏だけど、みたいな。

りつ　冬、三月くらいからはプレ同棲みたいな感じで二週間だけちょっと試しに住んでとかいうのをやり始めて、それで夏から本格的に一緒に住んでっていう感じですね。でも、もしかしたらコロナがなければもっとゆっくりペースだったかもしれない。そう考えるとゆっくりペースじゃなくてよかったって思う。でも一緒に住むとか考えてたのはプレ同棲始める前からだよね。

かえで　あぁそうね、プレ同棲始めるその前から子どもがいる生活もいいねみたいな話は何となくしていて。

りつ　ほんと雑談みたいな感じで話してて。でも別に、お互いもともと絶対自分の血を分けた子が何が何でも欲しいみたいなタイプではなくって。

かえで　そうだね、その価値観も合ってたね。

りつ　二人で生活していく中で子どもをもうけて家族として生活していく未来をちょっと見てみたい感じには思ってて。でも同性で結婚ができないので、自分たちの子どもを作る以外の、例えば特別養子縁組――絶対血がつながっていたいわけじゃなかったから養子とかでもよかったんですけど――それの方がハードルが高くて。それで、じゃあ自分たちの子どもをどちらかが産む、というのが……。

かえで　逆に一番近道というかね。

りつ　女性だからっていうのもあるけど、そこからちょっとずつ考え始めて……。

情報収集

かえで　特別養子縁組という制度があってもそれを同性カップルが利用するのは難しいみたいなのは「こどまっぷ」（「ＬＧＢＴＱが子どもを持つ未来を当たり前に選択できる」社会を目指して活動している団体）に教えても

らった。「こどまっぷ」っていう団体ご存じですか。そこの初心者講座というセミナーがあって、それに二〇二〇年の夏ぐらいに参加して。そこで具体的にこういう方法があるよとか、こういうことは法律上難しいよとかを具体的に教えてもらって。じゃあこうしようみたいなのを具体的に話し合い始めて……。そういう感じで始めて結構その辺から——一緒に住んでから——すごいスパンが短かった感じでした。

私は子どもは好きで、仕事もそういう教育関係というか、ちょっと子どもに携わるようなお仕事をしてるんですけど。なので今後もし将来自分の子どもとかがいなかったとしても、例えば子ども食堂とかをお手伝いするみたいなボランティアとかで子どもに関わっていければなあ、くらいにぼんやり思っていました。別に自分が自分の子どもを持つっていうのはまあ難しいかなと思っていたので、もともと。そんなに希望したわけじゃないっていう感じでしたね。

りつ　私は、彼女に出会う前までは男の人とお付き合いをしてたので、いわゆる一般的な流れでいけばそのうち結婚をしてというふうに考えてはいましたけど、でもなんかそれでも絶対子どもが欲しいって思ったことはそんなになくて。子ども育てるの大変だろうなとか。あとは、自分の姉に子どもが二人いて、子どもを近くでかわいがる機会がすごく多かった。それで割と「子ども欲」は満たされていたというか。だからそこまで自分の将来に絶対子どもがいるみたいな、絶対欲しいってわけではなかったかな。彼女と出会ってからですかね、子どもと過ごす生活が現実になったらいいなって結構思ったのは。この二人じゃなかったらそんなに思わなかったかもしんない。そんなに上手に育てられる自信もなかったから。

同性カップルで子どもを育てている人がいることは調べて知った?

かえで　私は知ってはいたかな。昔、学生時代に見たんですけど『Lの世界』(二〇〇四〜二〇〇九年にアメリカのケーブルテレビで放送されたアメリカ・カナダの合作テレビドラマ)とかあるじゃないですか。ああいうので子育てをしてるゲイカップルとかレズビアンカップルがいるっていうのは知ってはいました。だけどそれが身近にはいなかったから、「日本じゃまだね」みたいな感じでしたね。でも、「こどまっぷ」ってあるのは知ってたんです。なので、そういう方法とか、そういうことをしようとしてる人がいるっていうのは分かってはいたんですけど、そこに自分が当てはまるとはそれこそ思わなかったっていう感じですね。「こどまっぷ」を知っていたから「こどまっぷ」を頼りました。

りつ　「こどまっぷ」でいろんな情報に接しましたが、ポジティブな情報にも触れることができた。子どもを迎えることに前向きになりました。

かえで　「こどまっぷありがとう」って思いました。賛助会員になろうぜって。

りつ　私は「こどまっぷ」の存在を知らなくて、結構インターネットとかで調べてました。でもやっぱ情報が全然なくて。例えば海外に今住んでいる女性カップルで子どもを育ててるとかは出てくるんですけど、日本で育ててるっていうのが――ネット上の探し方がうまくなかったのかもしれないけど――ちょっと出てこなくって。それで彼女に「あんま出てこないんだよね」って話をしてたら彼女が「こどまっぷやってる人が知り合いにいる」と言って、そこから「こどまっぷ」のことを調べてセミナーにも参加しました。セミナーでは「こんなに同じような思いで子どもを欲しいと思っている人がいるんだ」ってすごく勇気づけられて。あと、自分たちでは考えつかなかったようなハードルとかその乗り越え方とかっていうのをすごく細かく教えてもらいました。子どもを持つことに対しての具体的なイメージを持つことができた。

かえで　そうだね、希望もだし、ハードルも具体的になった。そういうのがよかったよね。こういうハードルがあるけどこういう書類を作っておけば比較的安心ですよとか。だからすごくよかったよね。

りつ　うんうん。

かえで　例えば養子とかは難しいし、じゃあどっちかが産むかっていう話になって、歳のことを考えた。私の方が歳が上なんですね。今が三七歳で、産んだのが三六歳の時。妊活したのが三五歳の時だった。高齢出産になっちゃうから急いだ。ノロノロしてたら産めなくなっちゃうって。

りつ　そうそう。

かえで　なので、私の方が先に妊娠をしようね、妊活をしようねっていうことになって。彼女の方が五歳下なんだよね。

りつ　うん。

かえで　で、チャンスがあれば次は彼女の方も産もうね、妊活しようねって話になりました。

「親戚のおじさん」的なドナーとの関係

かえで　精子は知り合いから提供してもらいました。その人はもとからよく知っている人だったので。その辺はやっぱりね、人柄とかそういうところは知らない人からっていうのは少し難しいかなって思うところがあったので。

りつ　あと、精子バンクという選択肢があるっていうことはもちろん知ってたんですけど、もともと考えてたドナーの知人の方以外はもうちょっと考えられないかなって思って。その人が無理だったらもう……。

かえで　諦めるか、いい人がたまたま現われてくれたらいいけど、って感じかな。

りつ　うん。

かえで　その人、子どもが会いたい時に会ったりとか、すごく協力的な方だったので。精子提供をネットで受けるっていうのは個人的にはね……。ネットで精子提供を受けるよりはちゃんとした業者（精子バンク）が入ってくれる方が安心。

りつ　遺伝的な病気の話とかしたよね。感染症とか、なんかそこまで考えてなかったんですけど、「こどまっぷの初心者講座」に参加した時にそういったアドバイスをいただいてました。それを聞いて、一応ブライダルチェックみたいなやつも彼女（かえで）とドナーの方にはやってもらってから始めたので。「遺伝的な病気かなんかありますか」みたいことも聞いて、「ないと思います」みたいな返事をいただいてから。

かえで　信頼してる人でね、そこで嘘はつかないと思うので別に「血液検査の結果を出しなさいよ」とは言いませんでしたけど。

りつ　それで病気があったらあったでもうしょうがないしね。

かえで　やっぱその人にお願いしたかったっていうことは変わらないので。それは多分普通のって言ったらあれだけど、男女のカップルのパートナーに何かあったとしてもそのまま子どもを産むのと一緒だと思う。方法はシリンジ法で、自宅で行いました。ハードルはあるけどそういう方法もあります。

その後、妊娠したかもって思って生理が来ちゃったっていうことがあって——多分誰でもそうだと思うけど——つらかったし、いちいちガッカリしましたね。ドナーの方がすごく協力的だったので助かりました。私はアプリに基礎体温付けてとか検査薬を使ってという感じでやったんですけど、そんなにぴたっぴたっと当たるわけじゃないので、「この日の周辺で二回くらい来てもらえませんか」とか、「できればこの日にお願いできませんか」とか言ったら、そのドナーの方は快く引き受けてくれて来てくれたんで。

りつ　うん、すごく協力してくれた。でもやっぱメンタルの浮き沈みはもちろんあった。今結果として順調に子どもが産まれたからそんなつらい思いをあんまり思い出さないのかもしれないけど。

かえで　期間が長くなってたらつらかった。

りつ　でもそばで見てる方としてはやっぱり結構落ち込む時は落ち込んでいたし。決して楽しいことばっかりじゃないとは思いますね。でも生理きたらお酒を飲もうって切り替えて、次の予定の時まではアルコール飲める、みたいな感じで乗り越えてたね。二人ともお酒は好きなので。

かえで　あと、一応ドナーの人と書面の取り交わしはしたんだよね。

りつ　うん。

かえで　「こういうふうにしましょうね」って。それも「こどまっぷ」さんから紹介してもらった司法書士の先生に入ってもらって書面を取り交わした。その書面でドナーの方には「親戚のおじさん的なポジションで」っていうような感じにしてもらうことにしたんです。まあざっくりですけどね。この時「この子が会いたい時には会っていい」っていうことにもしました。

りつ　その方はもともとの知り合いで飲みに行ったりもしてた仲だったので。なんか別に子ども抜きにしても会ってただろうし。だからまあ、定期的に会うだろうなとは思ってる人だから。

かえで　こないだもおうちにご飯食べに来てくれて。私はコロナのひどい期間は怖かったので家族以外の人と会うことはしてなかったんですけど、それが少し収まっておうちにご飯食べに来て、その時この子を抱っこしてもらった。そういう感じで、今は会ってます。あくまでドナーという立場で。それは書面に書いてあるので、例えば彼が悪魔に取りつかれてこれまでと違うことを言い出しても書面を見せて「こうしたよね」って言うことができる。

妊娠期と出産

かえで　妊娠中は健診に行くたびにエコー写真を毎回撮って病院からもらってくる。病院へは私が一人で通ってました。っていうかコロナ禍だから、あんまり大人数では行けないんですよ。

りつ　最初は私も付き添ったけど、病院の中には入れてもらえなかった。

かえで　そうだ、そう。最初は二人で診察に行ってたんですけど、「お一人でお願いします」って言われて。別に女性同士だからとかじゃなくて、感染のリスクを避けるために人数を減らすって。

りつ　コロナピークだったから。

かえで　で、私が一人で行くんですけど、そしたらエコー写真もらうので、まずそれをこう、写メにとってすぐ送るんです。そのあとプリントしたやつを。

りつ　エコーを撮るたびに一応印刷かけて、その時の気持ちとかを書いて残しておいた。

（お子さん登場）思い出した？　この時代思い出した？　とかっていうのを残して。

かえで　作るの楽しかったね。

りつ　（アルバムを出して）これが横顔なんですけど、ここが目で、これが鼻で、顎がちょっと面白い形で「パーマンみたいだね」ってパーマンを描いたりとか、なんかそういうのがすごい楽しかった。いい思い出だね。

かえで　うんうんうん。

りつ　性別も楽しかったね。

かえで　性別、この子全然分からなくって、女の子なんですけど、最後まで女の子って分かんないんですよ。

男の子はついてるから男の子って感じですけど。足もあんまりこう、上げて見せてくれなかったので、多分女の子っていう「性別発表」して……。女性同士のカップルで子どもを育てていくということは病院に言ったっけ？

りつ　問診表に書いてたよね。

かえで　書いた。あと、それこそやっぱりどうやって妊娠したかっていうことは一応情報としては大事なので、シリンジ法でドナーさんからっていうのを病院に言って……。妊娠した月は排卵日挟んで二回シリンジ法でやったんですけど、お医者さんからは「失礼ですけど同じ方の精子ですか」って言われて。「そうじゃない可能性もあるのか」と思ったんですけど、医療情報としては多分大事だよね、どうやって妊娠したかとか。それもきちんと言いました。病院の反応は「ああそうなんですね」って最初びっくりしてたみたいですけど、「そうですかー」みたいな。多分そう言うしかないですよね。

りつ　（おなかに）いるしね。

かえで　産婦人科のお医者さんとしてはもうおなかにいる子を無事に産ませるのが仕事ですし、それを「ダメだよ」って言っても仕方ないしね。あとはやっぱりキーパーソンっていうか、何かあった時の連絡先とか決定する人を彼女にしたかったので、それもきちんと「パートナーにまずは連絡を取ってください」みたいに伝えました。なんかあれですね、不妊治療と違いますよね。不妊治療って多分同性パートナーの子どもって基本あんまりしてくれない。してくれるとこ限られてると思うんですけど。

りつ　病院の先生は全然否定もしないし、そのあとの三五週とかで切迫っぽくなっちゃって緊急入院とかする時もパートナーに一緒に病院についていってもらって、パートナーと一緒に話をさせてもらえたのでよかった。同性パートナーがいるっていうのを知った上で受け入れてくれてた。

かえで　多分都内で、しかも大学病院なので、診てる患者さんの数とかも多いし、慣れてる。

りつ　多分いろんな人がいる環境だと思うし。出産の時、私は家で待機だった。三日間。

かえで　お産が長かったんですよ、私。陣痛が長くて。最初はね、病院近くの喫茶店で待っていようかっていう話をちょっと冗談で言ってたんですけど、それどころじゃない長丁場だったのでおうちで待っていた。

りつ　仕事にも出勤しつつ連絡きたらすぐ行けるようにみたいな話で。その時は事前に会社の上司にも言っていた。上司はすごく理解をしてくれて「こんな機会二度とないんだから、職場にいていいの？」みたいに言ってくれるくらい協力的だった。いろいろ調整してくれたりとか。で、まあ最終的には家にいる時に「産まれたよ」って報告を受けてという感じですね。

かえで　産まれた報告を受けた時はどうだったの？

りつ　えー、なんだろう。ついに、ウソ！　信じられない！　みたいな。言葉が難しいけど、なんだろう、信じられないような気持ちなのかな。やっと産まれた！　みたいな。なんか嘘みたいな現実みたいな感じかな。あとはほんとに三日間も大変だったので、無事に彼女から連絡が来てひと安心みたいな感情がおっきかったかな。

かえで　コロナ禍以外で出産したことがあるわけじゃないので、「こんなもんか」って感じですけど。でもね、ほんとはいてほしかったですよね。腰が痛いからさすってほしかった。なんか、「痛い」って言ってナースコール押して、看護師さんが来てくれるんですけど、すぐお仕事に行っちゃうから。まあしょうがないですね。ほとんどの妊婦さんがそうやってコロナ禍で産んだわけですから。確かに、立ち会いするようになったのも最近だしね。

家族の状況

かえで　私が産んだ子どもなので、私がシングルマザーっていう形になっていて、彼女とは特に養子縁組とかもやってないので、今のところ法律的には……。

りつ　「他人」だよね。

かえで　って感じになってます。その辺は一応公正証書——私と彼女の間で婚姻に準ずるものの契約書みたいなもの——は取り交わしています。その中でどちらかの子どももそのもう一方の子どもであるっていう言い方はできないけど、未成年後見人になるとかそういう婚姻に準ずるような関係にしたんです。まあ結婚はできないので公正証書ですけど。

りつ　だから保護者みたいな立ち位置で、一応「子どもの保護者です」って感じだよね。

かえで　結婚ができるなら今すぐにでもします。

りつ　その方が守られるので。やっぱりそこはすぐにしたいよね。

かえで　保護者は二人いたらその方がもちろんいい。法律上の保護者。

りつ　万一何があるか分からないから、事故とか病気とかってなったら一日でも早く体制は整えておきたいなって思いますね。

かえで　シングルマザーの社会保障の利用はしてない。もうすぐできるかな。所得の制限がやっぱりあったりするので。

りつ　そんなに利用できてないんだよね。

かえで　できてない。育休中は収入が下がってるからその収入だったら一人親手当が出るかな？

りつ　出るんじゃないかって思ってるけど、ちょっと調べてないから分からない。

かえで　うん、役所行ってみないと。まあ、そんなレベルですよ。別にシングルマザーだからいい思いなんて全然してない。結婚の方がいいです。いつ何があるか、明日私が交通事故で死んじゃうかもしれない。その時にはこの子をやっぱり彼女に育ててもらうのが一番いいと思うんですけど。

りつ　法律がそれを許すかどうか。一応そのために公正証書を作ったりしてるんだけど。パートナーの両親にも「そのつもりです」っていうお話をあらかじめした上で今の状況になってます。

かえで　家庭裁判所とかそういうところの決定があって「ふさわしい」って思ってもらえればってことだけど。

りつ　それを周りの人が……。

かえで　うちの親とかが「いいですよ」って言えばかな。

りつ　それを言ってもらえるように両親と良い関係を築いて……。

かえで　うちは今住んでるおうちとうちの父母が住んでるおうちが割と近いんですね。なので結構頻繁に行き来があります。最初に彼女とお付き合いするって時に、あんまりはっきりとした言葉ではなかったんですけど、両親には「彼女と生活したい」と言って紹介をした。その時両親はちょっと驚いて「えっ」っていう感じ。そのあとに「子どもを妊娠しました」って言って、それも最初「えっ」って感じだったんですけど、まあでも最終的に「うれしい」って言ってくれたし。今は近所の「じーじ」「ばーば」として子どもをかわいがってくれてるし、彼女に対してもすごく親しくしていると思います。

りつ　私の方はもともと男性とお付き合いしてたのを親も知っているので、彼女とお付き合いをして、「一緒に住む」って話をした時にすごく驚いていて、受け入れられないっていうところがスタートだったんです。そこからちょっとずつ受け入れようという感じのまま少しずつ時間が過ぎていて――もうその中で時間ばっかかり過ぎちゃうので――私は彼女と人生を一緒に歩んでいきたいから子どものことも進めていったんです。それで親の気持ちが整理つかないうちに子どもが宿って。それが安定期に入ったくらいの時に「子どもができた」って言ったらやっぱ親としては全然受け入れられないっていうところでそのまま、こう、うまく話し合いが進まないまま産まれてしまったという感じですね。でもうちは姉がいるので、姉は「子どもに会いたい」みたいな感じで会いに来てくれて彼女と一緒におしゃべりして。父親がやっぱりちょっとうまく飲み込めないというか、状況を受け入れられてないっていう状態ではあるんですけど、母親の方はちょっとずつ「りつの人生だからって思ってる」って言ったりとかしてます。でも、親としてもすごく気持ちに波があるので、そこまでこう、うまく受け入れて仲良くっていうのはできてない状況ではあるけど。まあ母親はちょっとずつ「それでも会いたいな」って言ってくれるようにはなっているので、時間がもう少しかかるかもしれないけどっていう感じですかね。だからうちの親とはまだちょっと会わせてあげられていない。でも自分の子どもが産んだ子というのはやっぱ大きいですよね。

かえで　それはありますね。大きいと思う。うちの親にとってはやっぱりこの子、初孫なんですね。娘の産んだ初孫みたいな感じの可愛がり方してるんで。

りつ　自分の娘が妊娠したって言ったらやっぱり親は大事にしてくれるから。

かえで　それは多分すごくありそう。

りつ　うん。なんか母親は「りつが親になった姿を見たい」と言ってくれたけど、それは娘としての私しか見てくれてなくて、娘の家族とかまではまだ見られない。その心の準備はまだちょっと難しいのかなっていう印象があるんです。でも少しずつでも寄り添ってきてくれている状況なので、こちらが無理にがつがつこじ開けるような形でいくのはおかしいかなって思うので……。彼女も「ゆっくり、ゆっくりで」って言っているのでちょっとそれに甘えつつっていう感じかな。うちは多分親戚には言ってないと思います。なんか、うちそもそも親戚付き合いが薄くって、あんまり会わない。お盆とかに昔会ってたんですけど、祖父母が亡くなっちゃったので、そういう集まり自体があんまりなくて。たまに何回忌みたいな法事で会ったりはするんですけど、でもまあその機会もないので会ってない。

かえで　コロナの影響もあるよね。

りつ　そうだね。

かえで　ちょっと親戚の集まりもしづらかったもんね。

りつ　で、親も自分の兄弟とかには言ってないと思うので親戚も知らないと思います。

かえで　うちは、おじさんおばさんとかには言ってる。私の祖父母ももう全部亡くなってるので、その年代の人たちには言ってないし、いないし、なんですけど、結構私が妊娠出産したみたいなことって隠しようがないことなので、それを多分言わないわけにはいかないっていう感じですよね。近い親戚に対しては。

職場へのカミングアウト

かえで　私は出産をしたので産休・育休を取って今育休中なんです。「妊娠をしたので産休をいついつから取ります」っていう時に、みんなにパートナーが女性であることも含めて言いました。特定の人とか部内だけではなく。ちょうどコロナで在宅だったたし、あんまり直接会う機会もなかったたっていうのもあったんですけど、別に隠しておこうということもなく「別に誰に言ってもいいよ」っていう感じでみんなに話しています。

りつ　私は彼女が出産を控えている時に、やっぱり出産ってリスクがあって何が起こるか分からなかったし、予定日があるけれどもそれよりも早く産まれてくることもあるということで心配はしていました。安定期に入ったくらいで自分と直接仕事の関わりがある数人と、あと上司には「実は今お付き合いしてる人が女性で妊娠してて、いつ頃予定日なんです」みたいな話はしました。出産に伴って急にお休みをいただいたりとかそういう可能性があるので。実際、急に休んだりすると仕事の方に影響があったりするので、しっかり話をしてって感じですね。そんなに仕事に影響しない人についてはあんまり言ってないかな。

かえで　職場の人はまあびっくりはしてた。結婚してないからね。

りつ　結婚はしてない、けど妊娠しましたって。

かえで　でも別にネガティブな反応はなくて、びっくりはしてたけど「おめでとう、頑張ってね」みたいな感じでみんな言ってくれました。

りつ　なんかあれだよ、やっぱりシングルで子どもを妊娠したという事実以上言わない選択肢もあった。女性のパートナーでって言わない選択肢ももちろんあったけれども、言わないなら言わないですごく変な憶測を生んだりする。たとえば不倫相手の子どもなのではとか。

かえで　行きずりのとか。

りつ　そういうアクシデントでできちゃったから産むしかないとか、そういういろいろな想像ができちゃうじゃないですか。そういう想像をされたくないからちゃんと子どもが欲しくてもうけた子なんですって意味合いも込めて全部言った。

かえで　うん、言いました。変な噂ばっかり飛び交っても嫌だし。

りつ　私の方は、仕事に直接影響がありそうで事前に言った同僚に関しては、結構仲が良かったので女性と付き合ってるってことも言ってたんです。なのでその女性パートナーが妊娠したって言った時は、みんなびっくりはしてたんですけど「そうなんだー」みたいな感じで終わって。上司には女性と付き合ってることとかはもちろん話をしてなかったので、すごいびっくりしてましたけど、結局まあ「そーなんだ」みたいな感じで、なんか変な態度を取られたりってことは全くなかったですね。今も。

かえで　産まれた子どもの話もした。

りつ　「お子さん、女の子だっけ、男の子だっけ」という話とか、「可愛いでしょ」とか、そういう話をちょこちょこしてくれたりはするので、別にそんな、それを言って悪い感じになったりはないですね。

かえで　妊娠出産を伝える時に緊張はする？

りつ　緊張する。

かえで　そりゃ緊張はするけど、不安はなかったですよね、仕事の場面で。そこで「やあ、それはよくないと思うよ」なんて言ってくる人って……。

りつ　言ってくる人は人間性に難あるよ。

かえで　そんな人と働きたくないよね。仕事を休んでみんなの仕事が増えちゃうのは申し訳ないですけど。まあ淡々と受け入れるしかないだろうなとは思ってたので不安はなかったです。ただ、なんか緊張……。

りつ　緊張はするよね。私は、もともと年齢がちょっと上の女性と付き合ってるっていうのを同僚も知ってたということもあって、ほんとにちょっとの報告と、あと迷惑かけるかもしれないって意味で「すみません」って言って、上司に関しては歳が私の母親くらいの年齢だったので、ちょっとどうかなとは思ってました。

読めないなって。というのは年代的にこう、やっぱ差別的な言い方をする人が若い人に比べたら多いので。上司のことはそう思ってたのでちょっと緊張はしましたね。でも「言わないといけないから言った」っていう感じですね。

かえで　自分のパートナーが女性だということは必要な場面では言うし、子どもがおっきくなっていって、ちゃんとママが二人だって言うのを分かってそれを普通にして育っていってほしいと思っているので。私がそれをこそこそ隠そうとするのは変かなとは思っていて。なので必要に応じてちゃんと言う、当然のように言う、ということを子どもへのけじめとしてもしたいなと思ってます。ただ、別に必要ない場面で言う必要はないし、この人にはもう会わないだろうなって人には言わないかな。ただ、こそこそ隠したりはしない。この子に失礼かなって思うから。

りつ　なんかやっぱコロナのせいっていうのもあるかもしれないですけど、友達と実際に会う機会っていうのがすごく減っちゃってまして。そんなに友達多くないんですけど、コロナ禍でも会う友達っていうのはすごく大事にしたい友達が多いので、そういう人たちには会ったら必ず子どものことを言うようにしています。まあ、子どもが産まれる前からそういう友達には「付き合ってる人が今女性なんだ」って話をしていたけど。

あとはなんかどうしてもコロナで会えてない人の中にも子どもがいる人がいて、やっぱ動きにくくて会えないとか言うので、そういうＬＩＮＥとかツイッターとかでしか関わってないような人たちにはまだ言えていないけど、会う機会があったらすごく言いたいなとは思ってますね。文字だけだと伝わり切らない部分とかがあってそれで誤解を生むのも嫌だな、と思って。わざわざ聞かれてないのに言うのも嫌だしね。「最近どう」って聞かれればいいんですけど、聞かれないし。だから、そういう意味では、言いたくて言えてないのはそういう部類の人たちかな。会えれば言う。

かえで　必要に応じてだよね。

りつ　そうそう。だって、SNSで発表するつもりもないし。

かえで　子どもの話題って多分三〇代にとってはセンシティブで不妊治療とかしたりしてる人もいるし、なんかそういう人たちに対して「うち、子ども楽勝でできました」とかみたいなことやっぱり言えないなっていう感じがない？

りつ　うんうん。

かえで　だからやっぱり聞かれたりそういう話題になったら言う、ですかね。あんまり職場とかでも子どもの話を積極的にするのはちょっと。周りで苦労してる人がいるかもしれないと思いますからね。

りつ　聞かれない限りは話さないね。

かえで　三〇代で例えば男女カップルで結婚してるけど、子どもがいない人とかはもしかしたらそういうご苦労されてるのかもって思ってね。

子どもが生まれてから

かえで　生まれてすぐNICU（新生児集中治療管理室）に入っちゃって、私もすぐには会えなかったんですよ。結構すぐ連れていかれちゃって。なので、助産師さんがNICUまで行って、カメラに写真を納めてそれを持ってきてくれて。なので私の撮った写真ってあんまりないんです。

りつ　そうね、かえでちゃんと子どものツーショットを助産師さんか看護師さんが撮ってくれたりした。

かえで　看護師さんが撮ってくれたんだよ。それが産んだ日の昼過ぎかな。朝に産まれたんだけど、ちょっと時間経ってからやっと会いに行けて、そこで写真撮って、その写真をＬＩＮＥで送ってっていう感じです。

りつ　私は子どもと会えたのが産後二日目くらいだったのでそこで初めて。

かえで　ＮＩＣＵに入って二、三週間くらいこの子はそこにいたんですよ。で、私も入院、産んだ後の入院をしてる期間はＮＩＣＵまで行けたんですけど、一週間で、母体は退院して、そっからは面会に行けなくて。基本コロナだから面会はＮＧなんですね。子どもに対しても。この子の退院のちょっと前から、少しこう「慣らしで面会に行っていいですよ」って機会があったという感じだった。

りつ　子どもに会うまでの間「早く会いたい」っていう気持ちがあってちょっと焦ってたかもしれない。なんか親になりたいけど、なれてないし。産まれた子には産後一週間経っても会えなくてどんどんこう、差が開いていく。親としての差が開いていっちゃうんじゃないかみたいな焦りとかはあったと思いますね。私も自分の中ではこう、親になる気持ちでいるけれども、環境がなかなかそうさせてくれないみたいな感じで。焦ってたから、だからすごいちょっとね、会えた時うれしかった。やっと会えたので、ほんとにいたんだみたいな。画面越しでしか会えてなかったですし、もちろんその、触れてもいなかったから「ほんとにいたー」みたいな感じ。

かえで　芸能人みたいな感じか。

りつ　初期の授乳は、最初母乳とかだったよね。

かえで　基本的に何でも二人でやろうねって感じだったんですけど、最初の三カ月は母乳とミルクとの混合でやろうと。母乳は私しかあげられないので。で、ミルクもあげてもらってたから。

りつ　搾乳したものを私があげたりしてたし、夜。

かえで　夜も交代しながら。やっぱり彼女が育休が取れないので、それがね、一番大変かな。結婚制度ができてそれを利用したら二人とも育休取れるじゃないですか。てか、取るべきじゃないですか。それがね、父親の育休はどんどん取らせようっていう時代なのに、同性パートナーの場合は取れないので、仕事の日は彼女はもちろん仕事に行きますし、ほんとに昼夜問わず泣いて、ミルク飲んで寝て、って感じなので、土日の前日や仕事がお休みの日の前日の夜のお世話をお願いして、平日は私がやってっていう感じでやってました。今もそうだよね。

りつ　うん、今もそうだね。時間の関係上やっぱり彼女の頻度がもちろん高いけど、一緒に居る時間の時はね。

かえで　できるだけ彼女に抱っこしてもらったり。

りつ　平日はお願いして。

かえで　一人で子どもと一対一だとやっぱり結構疲れたり、精神的に参っちゃう。そういう時はもう「帰ってきて」ってLINE送って、帰ってきたら「私が夕飯作るからちょっとお願い」って言って子どもを抱っこしててもらう。

りつ　「いいのー?」って。「遊んでていいのー?」つって。そうね、確かに私が家にいる時は私がこう、抱っこしてる時間が長いかも。

望まれて生まれたことを伝えたい

かえで　望まれて生まれてきたことをちゃんと子どもに伝えたいと思ってます。それこそ、さっきのエコー写真のアルバムとかを見せて。育児日誌も毎日手書きでつけてるんですけど、それも子どもがぐれた時には渡そうかなって。

りつ　反抗期きたら渡そう。そしたら絶対「うざ」って言われるよね。

かえで　「望まれて生まれてきたんだよ」って絶対伝えたいなと思ってるんですよね。子どもも悩む時がくるかもしれないので、その時の心の支えになったらいいなと思ってます。

りつ　生まれる前から、子どもを授かろうと思った時から、子どもに出自をどう伝えるかはもちろん考えながらやっていて。変なところでごまかしたり嘘ついたりすると結局その場しのぎにはなったとしても、まあそのあとの信頼関係とか崩れるきっかけになったりとかすると思う。そこは発達に合わせながら、その通りのことを素直にすべて伝えるつもりです。

かえで　そうしないと自分の出自というか、アイデンティティを隠さなきゃいけないものになっちゃって。そんなふうに思ってほしくないので子どもには「堂々としていいんだよ」って言いたいです。なので周りにもきちっと話していこうって思っています。それこそ「子育て広場」にこないだ行ったんですけど、二人で行った時にパートナー同士で子ども育ててるんですっていうことも伝えて。まだこの子は分からないですけど、そういう子育て広場の先生とか、これから行く保育園の先生とかにも分かってほしいなって思っています。それを考えないと産めなかった。

りつ　怖いっていうか、無責任だと思うし。

かえで　まあ先々考えようって思いながら産んだらちょっとかわいそうって思ってたし。

りつ　子どもの人生だけど、子どもを産み落としたのは親の責任というか、そこはちゃんと親が責任を取らないといけないところだと思うし、やっぱりつらい思いをしないようにしたいので。でも思春期の悩みは別に親が同性だからってこと以外にいろいろ出てくると思うので、その辺は別に男女カップルの子どもであっても出てくるからそれに向き合うって意味では一緒。でも親が同性だから生まれてくる悩みっていうことに関しては、できる限りつらい思いをしないで済むように準備をしていきたいねっていう話をしてます。

かえで　同じような子どもたち、同性カップルの子たちとも繋がりを持ってと思っているので「にじいろかぞく」のそういうセミナーとかには出てます。会員にはなっていないんだけど。なんだけど、オンラインの集まりとかは参加したり。あとは「こどまっぷ」のピクニックに行ったり。

りつ　「にじいろかぞく」さんは子どもが生まれるまではそんなに関わりがなかったけど、子どもが生まれたからこれからはどんどん関わっていくかもね。

かえで　「にじいろかぞく」さんはね、割と大きい子どもがいたりとか、ちょっと上なイメージ。「こどまっぷ」が取材されてたんですけど、なんかああいう感じで広く人が知っていくとよくなっていくでしょうね。

りつ　数がいれば色物扱いとかにならなくなってくるので。トレンド扱いになってるのも、今までその存在を知られていなかったものが知られてきたからトレンドになってるわけで。やっぱセクシャルマイノリティに対する社会の嫌な感覚はなくなってきてるなって思います。

（二〇二二年六月一一日、ZOOMによる遠藤あかりのインタビューを編集）

〈第四章〉

二〇代の女性二人で0歳の子どもを育てる〈しおんさん〉〈ともえさん〉の話

二人の出会い

しおん　私はレズビアンです。気がついたのは中学生、小学生くらいからですね。

ともえ　同じくレズビアンです。気がついたのは二〇歳くらい。ずっと男性と付き合ってました。全然気づいてなくて。まさか自分がそうだと考えてなかったんで。でも男の人と付き合っても全然続かなくて。それで女の人と付き合ってみたら「こっちかー」って気がついた。

しおん　私たちはとんとん拍子にお付き合いが進んでいったとみんなに言われるんですけど、まだ出会ってから二年ちょっとくらいしか経ってないんですよ。二年と二カ月か三カ月くらいです。共通の友達みたいな人がいて、その人もまあレズビアンなんですけど、お互い友達で。私たちは知らなかったんですけど、なんか五人くらいで集まってご飯食べにいこうみたいな時があって、その時にいた人っていう感じです。その時に「ピンときた」みたいになったそうです。早かったもんなぁ。

ともえ　出会ってから付き合うまで一カ月くらい？　同棲始めたのは付き合って二カ月でそれから一年くらいで家買って子どもできてっていう感じ。とんとん拍子よな。家は戸建てを買いました。

しおん　この人が、すごいなんて言うかな、もうやりたいと思ったらやらんと気が済まん人で。それに流されて私は「あー」みたいな。彼女は行動力があるので、すごい心強いです。一緒に暮らして半年くらい経って、ちょっと落ち着いたころで、元から子どもが欲しいっていうのはあったんでネットとかでいろいろ調べたんかな。それで「ちょっとやってみるかー」みたいな感じですね。

ドナー探し

しおん　ネットで調べてどうだったの？　メインで調べとったろ。

ともえ　えー、まずなんか方法とかその、精子提供してくれる人どうやって探すかとかいろいろ調べてて。でも病院とか医療のことは全然出てこないんで……。そういうのは全然分からなかったんです。それで病院とか通さずにもう個人間でのやり取りで……。

しおん　病院とかじゃないんで、なんていうのかな、危ないっちゃ危ないんですけど、個人間でのやり取りでの精子提供をするしかないっていう結論になりました。「こどまっぷ」とか「にじいろかぞく」には頼らずにですね。

ともえ　子どもできてから「こどまっぷ」があるっていうのを知って「あったんだーっ！」って思いました。

しおん　「こどまっぷ」ってそういうのやっとるらしい。病院とか教えたりとか。

ともえ　そうだね。私たちは精子提供者を探すのは掲示板に載ってる人のホームページ見たりして。ツイッターではあんまりしてなかった。

しおん　してないな。

ともえ　してないですね。会ってみておかしな人じゃないか、ちゃんと普通に会話ができる人かというところを見て。

しおん　変な下心がない人とか。変な人がやっぱ多いんですよ、精子提供ってなると。タイミング法（排卵のタイミングに合わせて性交して妊娠を目指す方法）でしたいとか言う人がいる。私たちはシリンジ法をメインでお願いしてたんですけど、シリンジ法ってあっちにそんなに得がないじゃないですか。手間しかないような形になる。それでも協力してくれる人に会いました。会って「なんで協力してくれるんですか」って質問をして、いろんな話聞いてみた。容姿とかもやっぱり気になるんで中身と見た目と判断して「いいな」って思った人を選びました。人数は全然会ってないよな。連絡をした人はたくさんいたんですけど、直接会う前に結構厳選したということもあるんですけど、直接会ったのは二人くらい。向こうから「会っていいよ」って言ってたのにいよいよ会うってなったら逃げられたりとかもしてたから。「性行為で子どもを作らないと自然じゃないんじゃない？」とか、同じようなことも言われたよね。「ほんとにやらないと実感湧かなくない？　だからタイミング法でやらないとダメだよ」みたいなよく分からんこと言ってヤろうとしてくる人とかもいて。そういう人はすぐブロックしたりフォローを外す。

ともえ　「とりあえずテコキだけしてくれる？」みたいな人もいて、すごい気持ち悪かった。「三人でヤろう」とか気持ち悪い人いっぱいいいましたね。

しおん　そんな中でもお願いしたのは、ある程度普通に会話が続いて「会ってもいいかな」って思えるような人。

ともえ　ちゃんとしとったからその人にした気がする。

しおん　精子提供者で「そんないい人いるんかな」みたいな気持ちだったんですけど、「おったらいいな」みたいな。まあ変な人ばっかりっていうイメージがもともとあったんで、そんなに驚かず、「あぁやっぱり変な人ばっかりだな」って思いました。でもたまには「いい人おるんだな」みたいな。最初は、見た目。写真を見て見た目でいいなと思って会話してみて、すごいいい人そうな感じだったんで。で、すごい近所だったんよな。めっちゃ近い人で提供してもらうのが楽そうだった。双方手間がかからない。交通費とかで電車乗ったり新幹線乗ったりとかもなくて。会ってみてなんかすごくいい人だったよな。想像以上にいい人で向こうも「協力したいです」って言ってくださったんで「お願いします」ってなりました。書類とかもなんもない。ほんとに信頼関係だけみたいな感じで。悪い人だったらほんと危ないんですけど、そんな感じでしたね。危なっかしいことしてます、ほんと。さらにシリンジ法は喫茶店でやるみたいな感じで。

ともえ　病院で配偶子提供受けられるならそうしてました。安心だから。相手の病気とかも気になるしな。

しおん　怖いよな。調べてもらったりとかもした方がいいんだろうなとは思ったんですけど、実際、でも異性同士でもそんなこと調べてわざわざするわけじゃないじゃないですか。だからそこまでは慎重過ぎなんかなと思ってたんですけど。でもな、どんな人か分からんしな。

ともえ　今、ドナーと連絡は取ろうと思えばできるけど一切してないです。

しおん　子どもがドナーと会ってない。向こうから会いたいとかもないですね。まあでも、できたのは知ってるんですけど。生まれた連絡したっけ、してないよな。

ともえ　してない。

しおん　ドナーのことはフルネームは分かってるかな。フルネームのほかはなんか、年齢、親の病気とか、身近に重たい病気になった人いるかとか。家族の写真もなんか見たよな。いろいろ聞きましたね。向こうもいろいろ話してくれる感じで。あんまり覚えてないけど。なんか応援したいみたいな感じだったよな。

ともえ　最初はどんな感じなんじゃろと思って。

しおん　興味本位というか——興味本位って言うと言い方悪いかもしんないけど——周りに多分そういうのがなくてちょっと話聞いてみたいなっていうのがあったらしいです。

　もともとどっちも一人ずつくらい産めたらいいねっていう話をしてたんです。私の方が歳がだいぶ上なのでほんとは私から産みたかったんですけど、まあ、いろいろ事情がね、あって（ともえさんを指して）こっちから産むってなって、じゃあ、っていう感じですね。一緒に同時に作るってなったらすごい大変なんで、この子がもうちょっと大きくなってちょっと落ち着いたら始めようと。でも精子提供してくれた人が近くにいた人だったんですけど遠くに行っちゃって。なのでまたお願いできないんで、「改めて探さんといけんのかー」って思ったら「あぁー」って感じですね。「結構大変だなー」って。早く病院とかでできるようになればいいなとは思いますね。

「こどまっぷ」とかの団体を頼るっていうのは、私たち的にどうなのか分からないんですけど、やっぱり都内とかに住んでたら簡単なのかなとは思いますね。「簡単」というか「頼りやすい」というのか。私たちの住んでいるのは田舎——ド田舎——なんでなかなかね、そっちの方にも行けないんで……。

ともえ　難しい。

しおん　難しいよな。自分たちでどうにかするしかないから。

カミングアウト

ともえ　周囲には私たちのことを全部言ってました。職場にもお母さんとかにもセクシャリティはもともとカミングアウトしてて。親は全然驚いてなくて「子どもを作る」って言ったら「いや、子どもは早く作っときや」って言われてました。なので、全然驚きはなかったですよ。

しおん　私は職場には全然言ってて、職場にともえたちが遊びに来てもみんなウェルカムな感じでお祝いしてくれたりしたんです。まあ家族は最初「どういうこと？」みたいな感じではあった。私が産む側ではないので。けど、まあ生まれて連れてったらむちゃくちゃ可愛がってくれるんで。何回も会わせてたら「かわいいな」っていう感じですね。もう親はそんなめちゃくちゃ言ってくるタイプではないので子どもを連れてったら可愛がってくれる。でも私たちの親同士は会ったことないですね。私がともえの親と会ってたりとか、ともえが私の親と会ってはいるんですけど、全然普通に。ご飯食べに行く時も「彼女も連れといで」とか言ってくれるんで。ともえの親も言ってくれるしな。

ともえ　私は親へのカミングアウトが二〇歳くらいなので、親は私のセクシャリティを知ってたんで受け入れてますね。

しおん　私は三〇になってから言った。ともえと付き合ってから言ったので、「どういうこと？」みたいな、最初はわけ分かってなかったです。でも時間が解決してくれるじゃないですけど、たまに連れていったりとか話したりとかしてたら、それがもう普通になってくるというか。時がどうにかしてくれました。最初はあんまりだったんですけど。出自のことを子どもにどう伝えるかは、まあ、「どうしようかなぁ」って話はするんですけど、まだ具体的には決めてなくて。でも来年とかになったら保育園に行き出すんでね、もう二年くらい経ったらしゃべり出すじゃないですか。だからそんな先の話じゃないから考えなきゃいけないなとは思うんですけど。

LGBTの認識

しおん レズビアンマザーの知り合いはツイッターとかで出会った人で、同じ県にも私ら以外にいるんだなっていう感じではいるんですけど、まあ会って話したりとかはないですね。少ないですよね。レズビアンがいてもみんなフリーとか、付き合ってるけど子どもはいないとか。そういう人たちが多いです。

ともえ 困った時に相談する先は探してないな。

しおん 探してはないな。けどまあ二人でどうにかやっていこうっていう感じで。最近はLGBTとか言ったらみんな「聞いたことある」みたいな感じの認識で、いろいろテレビとかでやるじゃないですか。この子がおっきくなった時にもう浸透しているんじゃないかなっていう希望は持ってます。保育園とか行っても「そうなんだー」くらいの——少数派ではあるけど——「フーン」くらいの感じです。あんまりすごい気にしたりとかはしてないです。こっちが気にし過ぎたらいけんのかなって思ってるんで。隠す気はないよな。

ともえ うん、全くないです。

しおん なんか悪いことしてるわけじゃないし、それでなんか言ってきたらその人が性格悪いなって思うだけです。職場には言えないと結構つらい、しんどいですよね。私は逆に黙っとくのがしんどいんで、もう言った方が楽なんで言ってます。早く知ってもらいたいくらいな感じで。親にカミングアウトした時は、さらっと言った感じで、会社の人にもさらっと「女の人といるんですよー」みたいな感じで言ってます。

ともえ　そうですね、まあ聞かれたら言うかなっていうくらいで、自分からわざわざ言ってはいないですけど、「今どうなん？」って聞かれたら言う感じですね。

しおん　彼女は逆にセクシャリティや女性と付き合っていることを「なんで言わんの」って怒るような感じだったから。「言ってよ」っていうタイプだったんで余計にオープンになってた感じですね。周りのほかのカップルはそうでもない。うちらの方がオープンオープンしてるかもしれない。親に言ってない人多いよね。私たちは家も買って子どももいたりするので隠しようがない。ほかの周りの子は付き合ってるカップルかフリーなんで、フリーだったら余計に言う必要がないってのもあるんでしょうけど、なかなかそんなにカミングアウトしてなさそうやな。

ともえ　うん。

しおん　外で家族に見られないことはめちゃくちゃあります。「姉妹？」っていっつも聞かれる。住所一緒になったらこの前も言われたよね。「親子？」とも言われたけど。親子ですかって言われたり姉妹ですかって言われたりします。親子はひどいよなぁ、親子はないよな。会うのが一回きりの人には関係性は言わないです。店員さんとか会ったばかりの人に「姉妹ですかー」ってよく聞かれるんですが「いやー友達です」って言うんです。

ともえ　でも写真撮ってもらう人には言ったじゃん。

しおん　あ、そっか、写真屋さんには言ったな。お宮参りで子どもの写真を撮ったんですけど、三人でそういった長時間接しないといけないとこでは言います。まあ会って五分とかでサヨナラする人には言わない。でも家族として見られないことに結構モヤモヤしますね。やっぱりなんだかんだ言っても異性カップルが当たり前じゃないですか。モヤモヤしたら多分言います。ともえも言う？

ともえ　言う。

しおん　当たり前のことを女性カップルだからと言って確認されるのはめんどくさいですよね。すごいそれは思います。私たちはオープンやな。思ったことは全部言うし、逆に言っちゃいけないことまで言ってよくケンカするんですけど。もうあんまり隠し事ない感じですね。思ったことは言って。

妊娠と出産

しおん　お互い働いてるんで、毎日仕事に行ってる。臨月直前まで働いていた。

ともえ　つわりはありました。めちゃくちゃしんどかったです。めっちゃあったよな。

しおん　すごいしんどそうでした。

ともえ　ご飯作ってくれてました。

しおん　へたくそですけど。そうだったな、忘れとった。もう死んどったもんな。動けんって感じだったから。

ともえ　もうつらい時は全部してもらってました。

しおん　床とお友達でした。

（犬登場）

しおん　子ども二人みたいなものですよ。（赤ちゃんのことを）踏みつけていく。全然お兄ちゃんじゃない。この前もひっかき傷みたいの作られて。まだまだあまちゃんなんですよ。全然お兄ちゃん行動はしてない。早く仲良くなってほしい。もうちょっと子どもが大きくなったらな、遊び出すよな。嫉妬してそうだけどな。
ともえ　妊娠時期は運転もずっとしてくれてました。
しおん　その名残でいまだに運転してくれなくて、いっつも私が運転してて助手席で足上げて偉そうにしてます。
ともえ　運転好きでしょ。
しおん　運転嫌いじゃないけど好きじゃないよ。
ともえ　好きな方がした方がいいから。
　病院には全部伝えてました。病院では「あぁ、そっか、そっか」みたいな感じで別になんか普通に受け入れてくれました。
しおん　でもなんかあんまりない事例で結構大変じゃなかった？
ともえ　あー、なんか妊娠中に異常があって、それで子どもの精密検査をするのに相手の同意書、サインみたいなのがいるんですよ。本来。
しおん　父親側の。
ともえ　自分のと、相手の。で、もともと病院に行った時に「配偶者／パートナーがいるか」みたいな欄があって。「ここの病院そういう欄があるんだ、珍しい」と思いながらそのまましおんちゃんの歳とか仕事とか書いてたんですよ。したら、なんか検査をするってなって「相手の人のサインがいる」って言われた時に、「男の人じゃなくて女の人なんですけど」って言って、全部言ったんですよ。精子提供受けてみたいな感じでその時に言いました。
しおん　「その人（パートナー）のサインでいいんですか」って。

ともえ　そう、「それでいいんですか」って言ってその……。
しおん　「いけん」って言われたんじゃなかった？
ともえ　しおんちゃんのサインが？　なんか「弁護士、弁護士」かなんか言われて……。
しおん　あぁ、そうだそうだ。
ともえ　弁護士と話してどうたらこうたらみたいな。話さんとダメみたいな言われ方されて。なんか検査する予定だったのが「精子提供の人のサインはもらえないからどうしよう」みたいになってな。
しおん　病院側も、多分向こうのサインがいるけど私のサインでいけんとも多分言えないし、それが言えないから弁護士さんに相談するかなんか言って。私がサインして向こうが「サインしてないのに」って言い出したら大変じゃないですか。だから多分弁護士さんとかに聞かにゃいけんってことを言ってたんですけど、結局めんどくさくなったのか、「もう検査せんでも大丈夫だよ」みたいになって。
ともえ　「検査したいですか？」みたいに言われて。病院の人から「検査しましょう、安心のためにも検査しときましょう」みたいに言われてたんで「する」って決めてたのに。「病院の先生が絶対した方がいいって言うんだったらします」って言ったら、「別にしなくてもいいと思う」って言い出して。「じゃあしなくていいです」ってなって。
しおん　向こうもなんかめんどくさくなったんでしょうね。いろいろ。
ともえ　それでそういう検査の同意書がいらない、しっかり調べるスクリーニング検査っていうのだけして、「問題なさそうです」みたいな感じで終わりましたけど。
しおん　そういうサインがいる場面では私は何もできないっていうのがありましたね。もし本当に検査が必要な場面があったらどうするんだって話ですよね。

ともえ　そういう時、「シングルマザーの人とかどうしてるんですか」って聞いても「そういうの今までないんです」って言われて。ないわけないよなぁ。「今までない」って言われても「じゃあ、一人親だったらどうしてたんですか」って聞いたもん。

しおん　妊娠したばっかりだから相手の人はおるっていうことなんだろうな。その病院では相手がいなかったっていうことはなかったらしい。病院側もなんかあったらいけないからサインをさせる。私のサインが通るなら誰のサインでも通るじゃないかって思った。

ともえ　立ち会いだけはできました。面会は一切できなかったんですけど。

しおん　立ち会い出産から二時間。出産してから二時間一緒におれるみたいになってな。もっとおったけど。

ともえ　「二時間だけ居れます」って感じでした。その時は。

しおん　あとは一週間隔離状態だもんな。誰も入っちゃダメみたいな。

ともえ　産んでからは「やっとしんどいのが出てきた」「妊娠後期しんど過ぎ」って思った。やっと異物がなくなったなみたいな感じ。

しおん　私もめちゃくちゃ必死で。早く生まれたのは早く生まれたんですけど、無痛というか、麻酔でちょっと痛みを和らげる感じの方法ではあったんです。それが効くまでにほんとに痛い陣痛を味わってて、もうなんかめちゃくちゃしんどそう。私ももう見たくないって思うくらいめちゃくちゃしんどそうだったんですよ、見てて。だから生まれた瞬間にすごいさわやかな顔してたんで、ほんとによかったなと思って。それが先で生まれてきたら、ちょっとなんていうかな、「可愛い」って思ったんですけど、生まれた瞬間は「(ともえさんが)痛みから解放されてよかったー」っていう不思議な感じでした。まだなんかこう、「わぁ出てきた」みたいな。「これがおなかにおったんか」みたいな感じでした。でも「ほんとよく頑張ったな」って思いました。廊下で待たされる時があったんですけど、無痛の注射を打った時、もう悲鳴が廊下中に聞こえてきて、やばかったです、もう。「大丈夫かー」みたいな感じで。私はもう手が震えてどうしようと思うくらいしんどそうだったんでめっちゃ怖かったです。自分が産むことを考えたら完全に無痛でやりたいです。もう痛くないやり方で無痛がいいな。それから、妊娠出産経験者がいるのは安心ですね。友達によく言われるんですけど、「女の人が二人家にいたら出産を分担できるからすごいいいね」って言われます。「二人目ほしいけどなんかもう一回私が産まんといけんのんかって思うとなあ……。別の人が産んでくれたらすごいいいね」みたいな感じで言われて、確かにそうだと思って。二人産まなくても二人子どもがいるっていう感じはいいなって思うんですけど。しかもともえの方は四姉妹なんですけど、お姉ちゃん二人とも子どもがいたりするんでうちの子ども生まれる前からいろんな子どもを育ててるから結構育児が完璧なんですよ。だからもう四人目くらいの感じなんで、この子。だから育児に対して心配とか全然ないですね。もうプロがいるんでうちには。

家族の役割

しおん　役割分担はめっちゃしてますね。家事じゃなくて育児の。どっちも一緒ですかね。まあでも、やることはだいたい分けてやってますね。お風呂掃除とか。

ともえ　育児はそん時手が空いてる方。

しおん　そうそう。家事しとる人が家事して、育児してる人は育児って分けてやったりとか。今抱っこしてるから抱っこしてない方が家事するとか。

ともえ　どっちがどっちとかは決めてないよな。お風呂も順番くらいに入れるしな。

しおん　周囲の夫婦の育児は二人でやってるところが多いかというと人によりますね。男の人は仕事で女の人が育児してる家庭もあれば、お父さんがすごい子どもをかわいがってくれて分担して育児やってるところもあるじゃない？　人によりますよね。

ともえ　私も親がシングルマザーだからお母さんがお父さんもしてみたいな。まあ、お父さんに遊んでもらった記憶はないけどな、私も。

しおん　多いですよね、お母さんがメインでやってるっていうおうちは。

ともえ　今、私は育休中ですね。職場への報告は普通に。

しおん　「なんで妊娠したのか」とか言われんかったっけ。

ともえ　そうか、妊娠した時に言ったんかな。

しおん　「妊娠した」で職場の人がびっくりして、その時に言ったんだよ。

ともえ　そうか、でもそんなびっくりはされなかった。全部言って「そうなんじゃ、今時じゃな」って言われたくらい。

しおん　今時なんですよ、これ（笑）。「最先端走っとるな」って言われて。最近の子はそういうのが多いっていうのも多分五〇代の人も分かってきてるんで。昔はなかったから最近はそうなんやなって認識の人が多いんだと思います。最先端走ってますね。

ともえ　職場の人から偏見はないですね。

しおん　まあ産んだのはともえなんですけど、もうめちゃくちゃ私の職場の人とかもお祝いとかしてくれたり。私にしてくれたんで、すごい家族として見てくれてますね。この前はキャンプの時のツイッターを上げたんですけど、楽しかったね。レズビアンマザーの存在を認識してもらえるように頑張って配信していきます、ツイッターで。

これからのこと

しおん　ともえは自分のお母さんのことを「ママ」って呼んでるんで「ママ」で、こっち（しおん）は「かか」ですね。いっつも「かかだよー」って言ってるんですけど、早く覚えんかなと思って。呪いのように。

ともえ　呪い？

しおん　催眠？　覚えさせようと思ってずっと連呼してます。

ともえ　呪いか。

しおん　呪いっぽい。

（お子さん起床）

しおん　めっちゃ機嫌悪い顔しとる。髪の毛が上に立ってる。画面を見てカメラこっちだよ、「画面誰だろうなぁ。ねむたーい」って感じで大あくびしてる。ドナーのことをこの子に伝えるかですか？　どう言うかな、「知らん」って言うかな。知らんっていうか、最初のころはね、おっきくなったら話してもいいかなって思ってたけど、それはある程度分かるようになったら。それまでは「お父さんじゃなくてお母さんが二人いる家なんだよ」っていう感じで特に詳しいことは言わんよな。もう分かる時まで。分かってきたら話してもいいかなって思うんですけど。まあでもその時には多分もうドナーの連絡先とかも分からんしな。知らんし。

ともえ　お父さんお母さんじゃなく、「なんでぼくんちはお父さんいないの」ってなるのかな。
しおん　「あなたはお母さんが二人いるおうちに生まれたんだよー」って言う予定。
ともえ　お父さんとお母さんとかだけじゃなく。
しおん　いろんな家庭があってお母さんしかおらん家庭もあるしおばあちゃんと住んでる人とかもいるし。
ともえ　子どもを作ろうと思ったら男と女がいるわけじゃん。
しおん　それは四歳児には分からん。
ともえ　そっか。
しおん　それはまだ分からん。
ともえ　分かんないです、四歳五歳っていう小学校前には。
しおん　まあその時期がくると私たちは悩まされそうですね。

家族の関係性

しおん　パートナーシップは組んでないです。ここにはパートナーシップ制度はあります。組んでも特にメリットがなくて。なんならデメリットの方が多いというか、市役所とかに行っていろいろ聞いたりしたんですけど、シングルマザーとかだったら国からのいろんな補助があるじゃないですか。で、結婚してたら結婚してたで、国から控除があったり補助があったりするじゃないですか。でもパートナーシップって国からの補助も別にないし、なんならシングルマザーの補助とかもパートナーシップを組むことでなくなるかもしれないって言われたんですよ。じゃあなんで組む必要があるのって思って。メリットがないなって思いました。なんか国からの補助が、効力がないパートナーシップによってなくなる。増えることないんだと思って。ちょっと意味分からんなって思いました。金銭的にデメリットが大きい。絶対そうよな。

ともえ　うん。もらえない。

しおん　うん、結局もらえない。同性婚はできるんならするよね。

ともえ　うん。

しおん　この家を建てる時にもローンとかで結構いろいろ大変だったんで。だからそういうのは結婚とかできた方がいろいろ楽だなと思います。何するにしても。まあそうよな。子どももおったら余計にな。結婚しとる方が。

ともえ　養子縁組も悩むもんな。

しおん　うん。でも養子縁組はしてしまったらもうその二人は結婚できないじゃないですか。同性婚が近々できるんじゃないかっていう希望を持っていて、まだ選択できてないですね。公正証書も作ってないんですよ。何にもできてなくて、もしもの時のためになんかせんといけんなって思ってはいるんですけど。どっから動けばいいのかも分からんもんな。でも私たちになんかあったら大変なことになりますよね。公正証書はお金がかかるし、どんだけ効力があるかも分かんないし。結婚はただでできますからね。同性だからお金がかかるって意味分かんない。異性と同性の結婚で制度を変える必要ある？って思いますけどね。国は「子どもめっちゃ作れ」って言って少子化問題になってるのに、なんでわざわざ。逆に同性でも子ども作ってくれたら何の文句もないんじゃないかって思いますけどね、国は。

日常で同性同士で暮らしていることに対して嫌なこと言われたりはないですね。言われても「言っとけば」ぐらいであんまり気にしないっていうのもあると思うんですけど、そういうので困ったことはないですね。周りの人たちは認めてくれていても法律が認めてくれていないと感じる。年上の方が多いから、法律を決める人たちがなかなか理解がないかもしれないですね。時代についていけてないんですよ。子どもが大きくなるころには変わっていればなって思いますね。

（二〇二二年六月一八日、ＺＯＯＭによる遠藤あかりのインタビューを編集）

〈エピローグ〉 ルポ・さっぽろレインボープライド2022

「にじいろかぞく」とともに

二〇二二年九月一七日、午前。パラパラと雨が降る中、歩行者天国にした道路に白いテントが並んでいた。何をしているのかと、通る人はちらちらと様子を見て気になるようだった。

この日は「さっぽろレインボープライド2022」の一日目。イベントが始まる一時間前、それぞれのテントは展示や物販の準備をしていた。

「にじいろかぞく」のブースでは、子どもがいるLGBT家族の写真展示と親子休憩室（おむつ替えや授乳ができる）の準備をしていた。テントの内側の面に写真をバランスよく飾るのは簡単ではなかった。家族写真も子どもが遊んでいる写真も生まれたばかりの赤ちゃんの写真も、すべての写真の三分の二以上にスタンプやぼかしが入っている。写真に誰が写っているのか分からないように工夫されていた。

「中にはクローゼット（自身の性自認や性的指向を公にしないこと）の人も少なくない」と青山さん。「にじいろかぞく」からは代表の青山さんと小野さんと、北海道民のにじいろかぞくメンバーさんたちが来ていた。にじいろかぞくが「さっぽろレインボープライド」に来るのは初めてだそう。お手伝いで私（遠藤あかり）とあと三人が来ていた。

写真は見た目で映えるものではなく雰囲気が幸せそうな写真を選んでいった。にじいろかぞく代表の二人は写真を見ながらしみじみと「懐かしい」「今はもう大きくなった」と話していた。写真に写る人のことを知っているからだ。にじいろかぞくのメンバーたちは青山さん、小野さんにとっても大切な仲間たちだ。

一二時、イベントが始まるころには雨がやんでいた。一時間でずいぶん空が明るくなった。だんだんと虹色のデザインの服や装飾をつけた人たちがテントの間を歩いてくる。普段の生活の中ではかなり派手な虹のデザインも今日はみんなのユニフォームのようになっていた。数年前のレインボープライドでは見なかった虹のマスクをしている人もたくさんいた。ステージからは歌が聞こえ、それぞれの団体や企業のテントでは商品を売り込む声が聞こえた。会話をするにも声を張り上げないと聞こえないほどだった。

そして、「なんか学祭みたいで楽しいね」と、そんなつぶやきが聞こえた。確かに、学祭のようなにぎやかさと手作り感。これが学祭だったらテーマカラーは虹色だろう。ほとんどの人が体のどこかに虹のグッズを身に着けていた。でも、お祭り騒ぎを見てよく分からないけどイベントにやってきた人もちらほらといそうだった。デパートに買い物に来たらしい年配の女性から「これはなんの集まりなの？」と聞かれた。こういう時、どう答えたら上手に伝わるのだろうか。少し考えて「LGBTの人たちのイベントですよ。お時間ありましたら中に入ってみてくださいね」と答えた。この人たちはよく分からないまま虹色のグッズを買って帰っていったりするのだろうか。

夕方になるにつれてだんだんと人が増えていた。にじいろかぞくのブースにもひとりだったりカップルだったり子ども連れだったり、いろいろな人が写真を見て、パンフレットを手に取っていった。「私たちも

「にじいろかぞく」の親子休憩室［写真提供：にじいろかぞく］

子どもが欲しくて」という二〇代の二人、今お腹に赤ちゃんがいるんですという二人。見かけ上男女だけでなく、女性同士、男性同士のたくさんのカップルが来ていた。見かけ上そうだと私が感じただけで聞いてみたらきっと性別は私の想像と違う人もいたかもしれない。性自認も性的指向も表現する性も十人十色だった。普段友達として周りに紹介しているパートナーも、レインボープライドなら堂々と「恋人」として紹介できる。この場にはセクシャルマイノリティ当事者かアライしかいないと思わせてくれた。まあ、公共の場でいちゃついて見せるカップルはいなかったけれど。

小学生くらいの子どもが親子休憩室で絵を描いていた。おうちで飼っている猫だそう。そのあとに、にじいろかぞくの向かい側のブースの様子も描いていた。特徴をしっかりととらえていて、とても上手だった。将来画家になれるくらい上手。その絵の中にもふんだんに虹色が使われていた。

ベビーカーを押したお母さんがやってきた。今、同性のパートナーとともに子育てをしているそう。まだ生まれて半年ほどの赤ちゃんがニコニコ笑っていた。二時間ほど一緒に居たけれど、ぜんぜん泣かないでニコニコ。私や親子休憩室に来る人々を興味深そうに眺めていた。

ふとブースの外を見ると、キッチンカーで買ったおやつを食べている人や運営のブースで買った虹色モチーフのTシャツを着ている人がたくさんいた。一人で歩いている人よりは二人以上でおしゃべりしながら歩いている人の方が多かった。ずらっと並んだテントでは、協賛企業が物販をしていたり日本全国で活動しているLGBTコミュニティがパンフレットを配ったり、ユースのためのLGBTコミュニティが的当てゲームをしていたり、メイクアップのデモンストレーションをしていたり。札幌弁護士会のブースもあった。LGBTカップルは結婚ができないことから、今私たちが思っている「普通」のために公正証書を交わしたりパートナーシップ制度を調べたり、専門家の力を必要とすることが珍しくない。私もL-Portのブースでしずく型のピアスを買った。

急にあるブースの前に人だかりができた。きゃあきゃあと集まっている人たちが叫んでいる。よく分からずに背伸びをして見てみると、そこは春に公開予定の映画のブースだった。主演俳優である鈴木亮平さんと、その友人役のドリアン・ロロブリジーダさんが来ていた。最近日本でもセクシャルマイノリティをテーマにした映画やドラマが増えている。「テーマにするだけでなくて、いろんな映画やドラマに当たり前にセクシャルマイノリティのキャラクターが出てきたらいいのに」と一緒にお手伝いをしていた人が呟いた。

一七時、一日目は終了した。皆テントを片付けていた。にじいろかぞくのブースでもバタバタと後片付けをしていた。きれいに並べた写真をはがし、パンフレットを片付ける。写真を見ながら青山さんと小野さんがしみじみと「みんな大きくなったなぁ」と言っていた。

パレードスタート

一八日は「さっぽろレインボープライド2022」の二日目。一日目はテントが並び、協賛企業やLGBT関連団体のブース出展の日だったが、今日はメインイベントであるパレードだ。

天気は雨。それも霧雨とかではなくて、でも大雨とも言えないような雨だった。傘をさしている人がほとんどで、せっかく虹色の服やアクセサリーをしていても傘に隠れてしまっていた。

一三時に整列が始まった。時間になるとすぐに人が並び出した。道路の脇に風船や旗などで飾り付けされた「フロート」というトラックが並んでいて、そのフロートごとにグループ分けされていた。自分の好きなグループで歩くことができるようになっていてグループの中には企業用のグループや写真に写りたくない人が参加しやすいようになっているものがあった。私は「シマエナガ」という名前の付いたグループでじいろかぞくの方々と一緒に並んだ。フロートにはドラァグクイーン（女装パフォーマー）やパフォーマーさんたちが乗っていて、雨の中シャボン玉を飛ばしたりしている。特にドラァグクイーンたちは濃い化粧と派手な衣装でとても目立っていた。見ているだけでも楽しかった。

副実行委員長の満島てる子さんのご両親もフロートに乗っていたらしい。青山さん、小野さんいわく、東京レインボープライドに来るドラァグクイーンはもっと派手で人数も多くて怖く感じるけどさっぽろは学祭っぽくて手作り感があっていいらしい。

パレードが始まる一四時。雨は相変わらず降り続け、地面にはたくさんの水たまりができていた。歩行者天国にしている道路にはパレードを歩く予定の人たちがぎゅうぎゅうに並んでいた。並んでいる人々の服装はいろいろで、虹色のTシャツ、虹のマークがついたTシャツ、さっぽろレインボープライド公式Tシャツが多かったが、着物やドレスを着た人もいた。昨日と同じように多くの人がどこかに虹のデザインを身に着けていた。私も昨日買ったばかりのしずく型の虹色のピアスをしていった。そして、水たまりを気にせず歩けるように一番のお気に入りの厚底ハイヒールを履いた。

音楽が鳴り、一番前のフロートが進み出した。少しずつ人が動き出す。かと思ったら少しして人の流れが止まった。「まだパレードのカウントダウンをしていなかったのでこれからスタートでーす」。なんと、パレードがスタートする前に進み始めてしまっていたらしい。幸いフロートごと、グループごとに動き出すため、シマエナガはまだ動いていなかった。

カウントダウンをしてパレードがスタートした。シマエナガもスタートし、私はにじいろかぞくの横断幕の端を持って歩いた。パレードは大通公園と時計台の前のあたりをぐるりと回るコースだ。スタート地点からすぐのところでは大きなカメラを持ったマスコミ関係らしい人たちがたくさんいた。車の車線に入らないようにボランティアの人が誘導していた。ボランティアはゼッケンを着ていた。パレードが車線にはみ出ると危ないので飛び出しそうな人に声掛けをしていた。ボランティアの人は車線ぎりぎりを歩かないといけなくて大変そうだった。警察官も何人か来ていた。無線でずっと話していた。パレードが安全にできるようにたくさんの人たちが協力してくれているようだ。

周りの人たち

レインボーフラッグを持った人たちも出発地点のすぐの交差点近くにずらりと並んでいた。さっぽろレインボープライドの参加の仕方はパレードを歩かずとも周りで見ながら過ごしたり、手を振ったり、レインボーフラッグを持ってアピールしたりとそれぞれだった。パレードをさっぽろレインボープライドのユーチューブチャンネルで生放送するために、黒字に虹のマークの付いたTシャツを着たアンジーさんと黒に白の水玉模様のワンピースを着てベレー帽をかぶったひとみさんがカメラに向かって話していた。私たちの前にはベビーカーを押した女性がいた。そして後ろには動きが大きな男性がいた。フロートではドラァグクイーンの銭形ルミさんのマイクパフォーマンスが響く。

「私たち人間でーす!」

「そこのあんたたち、手を振りなさーい」

「ありがとーー」

確かに、夜中に住宅街や山の中でドラァグクイーンを見たら人ではない何かに見えても仕方がないかもしれないけど、日中のレインボープライドだからちゃんと人間に見えた。

歩き始めて数十分後、気がついたら雨がやんでいた。パレードに参加している人々も傘を下ろしている。水たまりは相変わらずあったけれど、私は一二センチヒールの厚底ヒールでバシャバシャと歩いた。

パレードは三キロ歩く。参加者は年齢もさまざまで、若い私もだんだんと疲れてくる。それでもフロートでは「あんたたち盛り上がってるー?」とか、「ほら、頑張るのよー」とか言ってくれるのでちゃんと盛り上がりながら歩いた。九月なので大通公園ではオータムフェストをやっていて、レインボープライドなんて言葉も知らないような人たちもパレードを興味深そうに見ていた。フロートのマイクパフォーマンスに手を振れと言われるから、よく分からないままとっさに手を振っている人たちもいたと思う。

「そこのイケメン、手を振ってー」とか、「そこのあんたよ、手を振りなさい!」とか言われたらもう手を振るしかないんじゃないか。手を振ってくれた人たちにちゃんと「ありがとー」って言ってるからいいけど。親子連れでオータムフェストに来ている人はだいたい手を振ってくれた。特に子どもに手を振ると必ず手を振り返してくれてうれしかった。

そんな、レインボープライドなんて知らない人たちとレインボーフラッグを持った人たちに見守られながら歩いていた。

途中、シャボン玉を作る玩具をもらってパレードの上にシャボン玉を飛ばしながら歩いた。私たちの少し前を歩いていた女性はかなり上手に大きなシャボン玉をたくさん飛ばしていた。一気にたくさんのシャボン玉を飛ばすのは難しかった。

気がついたら昨日にじいろかぞくのブースに来ていたお母さんと赤ちゃんが一緒にいた。青山さんが赤ちゃんが写った写真があった方がいいからと、ベビーカーと横断幕が一緒に写るように写真を撮っていた。赤ちゃんは今日もご機嫌だった。

パレードが終わって

パレードが終わり、今年初めて行うバブルリリースの時間になった。だんだんと夕方になっていく空をシャボン玉が飛んでいった。パレードを歩き終え、会場のステージ前に集まったカラフルな人々がシャボン玉を好き勝手に飛ばした。私は後ろから見ていたけれど、とても綺麗だった。シャボン玉が街の明かりと空の少しの明るさを虹色に反射していた。虹色はセクシャルマイノリティへの連帯を表す。人々の性自認も性的指向も性表現も多様でグラデーションであることを色で表現した虹。ＬＧＢＴコミュニティでは必ずと言っていいほど使われ、飾られてきた。虹色はすごく明るくて、ポジティブなイメージを持つ。

でも、イベントの時だけレインボーレインボーって言っていることに違和感もある。卒業研究で五組の子どもを育てる女性カップルにお話を伺い、レインボーは先人たちの怒りの色でもあるように感じた。このままではいけない。「いつか」なんて悠長なことは言ってられない。もう家族の生活は進んでいるんだと、そう思った。

今目の前にいるにじいろかぞくの方々や、赤ちゃんを連れた家族は、自分の家族、大切な家族たちを社会に認めてもらえていない。家族を家族として認めてもらうために、セクシャルマイノリティだからという差別をなくすため、セクシャルマイノリティだからという差別に苦しんでいる仲間たちと連携して乗り越えるために、この虹をテーマにしたイベントに参加しているんだと思った。

誰にでも分かりやすく、ハッピーでポジティブな印象を持つレインボー。そんなポジティブなイメージの奥には、差別されているとか、いないものとして扱われているとか、社会にないがしろにされている怒りが隠れている。

取材を受けてくださった皆さんは時折その時のことを思い出して笑いながら、パートナーのこと、妊活のこと、育児のこと、生活のことをお話しされていた。お子さんのお話をする時には、とても幸せそうで、私まで幸せをおすそ分けしていただいたような気持ちになった。親たちは女性同士で子育てすると覚悟を持っているし、生まれてきた子どもたちは、「できてしまった」のではなく心から望まれて生まれてきた。そして今、異性カップルのもとに生まれた子どもたちと同じように家族と暮らしている。でも、この社会は子どもが欲しいという同性カップルにも、育てたいという気持ちにも、安心して生活したいという気持ちにも冷たい。

全国各地で行われているレインボープライドに参加するみなさん、レインボーパレードのパンフレットに載る地域の有力者や企業のみなさん。楽しむだけでなくどうか子どもを迎えたい同性カップルや子どもを育てている同性カップルを知ってください。彼らの存在に向き合って、この家族がほかの家族と同じように安心して暮らせる社会を一緒に作ってください。子どもが欲しいと思う誰もが子どもを迎えやすく、育てやすい社会を実現できるように声をあげてください。全国のあちこちで色とりどりの、いろいろな形の家族の生活は始まっているのですから。今すぐにでも。

〈解題〉「聞き書き」を通じて見えてくるリプロダクティブ・ヘルス／ライツの問題

大島寿美子
（北星学園大学教授）

本書は、子どもを育てている女性カップルの聞き書きです。この聞き書きは、北星学園大学文学部心理・応用コミュニケーション学科（通称「心コミ」）で私のゼミの学生であった遠藤あかりの卒業研究として書かれた作品がもとになっています。ここでは、この作品が生み出された社会的及び教育的背景について説明します。

上田ら（二〇二一）によれば、女性どうしのカップルが妊娠・出産を経て子どもを迎えるというライフイベントに焦点をあてた国内の公的な統計は存在せず、社会学や倫理学などの研究者による先駆的な研究によって少しずつ実像や課題が明らかになってきているものの、調査研究は国外に比べて少ないといいます。しかし、プロローグにあるように日本でも子どもを迎える同性カップルが現実におり、メディアの報道でも目にするようになりました。同性カップルを支援する「一般社団法人こどまっぷ」や、子どもを育てるＬＧＢＴの団体である「にじいろかぞく」など、同性カップルの妊娠出産や子育てに関する相互支援や情報提供を行うグループが生まれ、自分の経験をインターネットや書籍を通じて積極的に社会に発信する人々も増えています。

牟田ら（二〇二一）は、日本と海外の女性カップルが精子提供により子を産み育てる方法と経験について詳しく報告と分析をしています。当事者の発信する情報やメディアの報道に加え、このような学術的な文献からも多くの示唆を得て、私たちは実際に子どもを迎え育てている女性カップルの方々にお話を伺うことにしました。日本で子どもを迎えた女性カップルたちはどのような生活をしているのか、同性で子どもを育てるにはどのような課題があるのか、同性でどうやって子どもを迎えたのか、法律的に「家族」として扱われないことをどう感じているのか……。このような問いを立てながら、伺ったお話を聞き書きとしてまとめました。インタビューの内容を文字起こしし、聞き手の発話のない形に整え、話し手の経験を一人称の「語り」として記述しました。聞き書きという形式を選択したのは、語る・聞くという関係の中で産み落とされた語りを通じて、語り手の存在と息づかいを記述したかったからです。

幼児期の子育ての話や、配偶子提供での出産に至るまでの話を伺いたかったため、子どもの年齢が一〇歳未満で、女性同士のカップルで同居して家族として子育てしている方を探しました。二〇二二年四月〜六月にかけて支援団体を通じて、あるいはインターネット上で発信している方に個別に取材を依頼しました。研究の内容や目的、語りは仮名または匿名として記述すること、答えたくない質問には答える必要はないこと、作品の内容を確認していただくことなどを説明し、同意の得られた五人／組の方々にオンラインで取材をしました。どの方も快く引き受けてくださり、取材は時に二時間に及びました。取材の依頼、インタビュー、原稿執筆、ご本人への確認と修正は遠藤が行い、大島が取材過程の助言、原稿の構成や内容の修正や提案、最終確認をしました。

取材にあたって心がけたのは、いつどこで何があったのかという経験的事実とその時にどのように感じたのかという気持ちに注意を向けることと、聞き手としての姿勢です。この背景には、人の体験を聞き取るジャーナリズムの手法と、私が取り組んできたがん体験者の語りの研究と実践があります（詳しくは『がんの「語り」——語り手の養成から学校・医療・企業への派遣まで』（大島寿美子・米田純子・宇佐美暢子・木村恵美子著、寿郎社刊）を参照）。経験した出来事と感情に注意を払い、聞き手と語り手の関係性を大切にするようにしました。

卒業研究では、文字起こしから聞き書き形式に整理した原稿をご本人に見ていただき、必要に応じて修正を加え、作品として完成させました。それに加え、学科の規定にもとづき、背景や先行研究、制作の過程、作品に関する考察を記述した報告書を別途作成しました。本書には作品に登場した五人／組のうちの四人／組の方々の語りが掲載されています。書籍として出版するにあたっては、主旨を説明して改めて同意を取得し、文章や体裁を修正し、校正原稿を確認していただきました。

私たちの学科では、実験や質問紙調査をして論文を書く、街に出て取材しルポルタージュを書く、特定のテーマに焦点をあてて映像作品や小説を制作する、子ども向けのイベントを企画し実行する、そして今回のような人に話を聞いて聞き書き作品を制作する、というように、自分の興味関心に応じて自由に研究をすることができます。例えば、二〇二一年度に優秀卒業研究に選ばれたのは、戸建て住宅の庭の社会的役割を文献とインタビュー、観察によって探究した研究、発達障害の子どもの成長をまとめた小説、観葉植物に対する印象や意識を質問紙調査で明らかにした研究、ピクトグラムが情報の理解を促進するかどうかを実験的に検証した研究、そして子どもを育てている女性カップルの聞き書き、の五つでした。多様性のあるテーマや手法から、高い自由度を感じ取ってもらえることと思います。

幅広い研究を認めている背景には、コミュニケーションに関する学術的知識や対人的能力の涵養を学科のディプロマポリシー（学位授与に関する基本的な考え方）として掲げていることがあります。五つの卒業研究を見てみると、コミュニケーションツールとしての庭やピクトグラムへの着目、観葉植物や発達障害、ＬＧＢＴＱを相互性のあるコミュニケーションの問題として捉えようという視点が見て取れます。学生たちは、自分が興味関心を持ったものを社会的な文脈の中に位置づけ、事実を検証し、問題を提起し、解決の提案をしていきます。このような卒業研究を見据えて、カリキュラムは初年次から社会において汎用性のある問題発見や解決能力を身につけられるよう配慮されています。

学生たちは二年次に研究手法に関する授業を履修します。そこで教える手法のひとつがインタビュー（聞き取り）です。私が担当している授業のひとつで、学生たちは学外の人にあるいは学生どうしでインタビューを行います。協力者へのアプローチの仕方、質問項目の作り方、協力者との関係や倫理的配慮、実際のインタビューの時間配分や流れ、インタビュー時の振る舞い方、インタビュー内容の整理とまとめ方などを学びます。インタビューの方法論には、学術的な質的調査の方法論に加え、私がかつて職業としていたジャーナリズムの方法論も含まれています。学生たちは、この授業の中で基本的な技術を学び、ゼミによっては三年次以降にさらに高度な知識と技術を習得し、実践を積み重ねて卒業研究に臨みます。子どもを育てている女性カップルの聞き書きも、このような教育の上に取り組まれた卒業研究です。

女性たちの語りからは、子どもを育てる女性カップルの経験が感情とともに伝わってきます。例えば、精子の提供者を探す苦労や妊娠の経過をみてくれる病院を見つけるための苦労、その子の出自や親の性的指向を子どもに伝えるための工夫や葛藤、自身の親や親戚の理解への感謝と無理解への悩み、保育園や学校との関係構築の努力、法的に婚姻が認められていないために感じる不安や憤り、そして何より、子どもを迎えられた喜びと子育ての楽しさ、家族として生活する充実感などです。性自認や性的指向が関わる経験ではありますが、印象に残るのは性自認や性的指向に関わらず誰もが持っている親密な他者と生きる喜びを分かち合いたい、幸せになりたいという願いです。

語りからは、さまざまな問題提起をくみ取ることもできます。現在日本では同性カップルの法律婚が認められていないために、異性カップルであれば得られる法的な権利や社会保障がありません。本書の語りからも、出産していないパートナーが法律上の親権者になれないことが、カップルにとって非常に大きな課題であり、社会的困難や心理的苦痛として感じられていることが分かります。また、パートナーシップ制度や公正証書は法律婚の代替としては不十分であることも伺えます。さらに注目されるのは、女性カップルの妊娠出産に関わるリプロダクティブ・ヘルス／ライツ（性と生殖に関する健康と権利）の問題です。上田ら（二〇二一）によれば、国外では精子提供で出産した女性カップルのリプロダクティブ・ヘルス／ライツに関する研究の蓄積があり、精子提供者の選択に関する意思決定、生物学的母親と非生物学的母親の置かれている立場、医療における傷つき経験などについて検討が進んでいるといいます。また、精子提供者が子どもとの面会交流を求めて訴訟を起こした事例も報告されています（佐藤、二〇一四）。日本では女性カップルの妊娠出産をリプロダクティブ・ヘルス／ライツの観点から検討した研究はほとんどみられませんが、生殖補助医療や養子、里親を含めたＬＧＢＴＱの生活形成の支援についてまとめた二宮（二〇二二）らの研究によれば、性自認に関わらず当事者は精子提供で子どもを持つこと、第三者の関与する生殖補助医療の法整備に賛成していました。家族形成ニーズに関する調査や第三者の関与する生殖補助医療と法制度の課題の検討をもとに二宮は、子の出自を知る権利の保障、配偶子提供者の保護や彼らへの保障の提供、同性カップルに対する生殖補助医療利用の保障や親としての法的な地位の保障などについての検討の必要性を指摘しています。本書が検討を促進する一助となれば大変うれしく思います。

最後になりましたが、子育てや仕事でお忙しい中、時間を割いて貴重な体験を聞かせてくださったまーりんさん、マミーチャンヌさん、かえでさん、りつさん、しおんさん、ともえさんに心より感謝申し上げます。この他にも、卒業研究の過程で貴重なお話を伺わせていただいた方、ご協力をいただいた団体の方々、取材には至りませんでしたがご検討いただいた方々など、本当に多くの方々にお世話になりました。「もっとセクシャルマイノリティの子育てについても世の中に知られていいんじゃないか」という大学四年生の素朴な疑問から生まれた本書がＬＧＢＴＱの社会的認知にわずかなりともお役に立てたとしたらこれ以上の喜びはありません。

（二〇二三年二月）

引用文献

牟田和恵、岡野八代、丸山里美（二〇二一）『女性たちで子を産み育てるということ――精子提供による家族づくり』白澤社

二宮周平（二〇二二）『LGBTQの家族形成支援――生殖補助医療・養子&里親による』信山社

佐藤雄一郎（二〇一四）「女性同性カップルへ精子を提供した男性のこどもに会う権利：Re G（A Minor）and Re Z（A Minor）[2013]EWHC 134（Fam）事件を素材として」『東京学芸大学紀要　人文社会科学系Ⅱ』六五号、一一五～一二二頁

上田恵、中島道子、西田絵美（二〇二一）「レズビアンカップルが子どもをもつことに関する文献レビュー」『新潟県立看護大学紀要』一〇号、一～九頁

遠藤あかり（えんどう・あかり）
2000年、北海道大空町生まれ。北星学園大学文学部心理・応用コミュニケーション学科卒業。本書は2022年度の卒業研究をもとにしたもの。

大島寿美子（おおしま・すみこ）
1964年、東京生まれ。北星学園大学文学部教授。NPO法人キャンサーサポート北海道理事長。著書に『がんの「語り」——語り手の養成から学校・医療・企業への派遣まで』（共著、寿郎社）、『「絆」を築くケア技法　ユマニチュード——人のケアから関係性のケアへ』（誠文堂新光社）、編書に『中皮腫とともに生きる』（寿郎社）などがある。

寿郎社ブックレット5
〈聞《き》き書《が》き〉新《あたら》しい家族《かぞく》のカタチ
——子《こ》どもを迎《むか》える／育《そだ》てる女性《じょせい》カップルたち

発　行　2023年3月15日　初版第1刷
著　者　遠藤あかり　大島寿美子
発行者　土肥寿郎
発行所　有限会社 寿郎社
〒060-0807 札幌市北区北7条西2丁目 37山京ビル
電話 011-708-8565　FAX 011-708-8566
E-mail doi@jurousha.com　URL https://www.ju-rousha.com/
印刷・製本　日本ハイコム株式会社

＊落丁・乱丁はお取り替えいたします。
＊紙での読書が難しい方やそのような方の読書をサポートしている個人・団体の方には、必要に応じて本書のテキストデータをお送りいたしますので、発行所までご連絡ください。

ISBN 978-4-909281-52-4 C0036

寿郎社ブックレット　近刊・既刊

6
ミャンマーの民主化を求めて　立ち上がる在日ミャンマー人と日本の市民社会
玄武岩・藤野陽平・下郷沙季編著　定価：本体一一〇〇円＋税　978-4-909281-47-0　〈近刊〉

4
新たな時代の〈日韓連帯〉市民運動
玄武岩・金敬黙編著　定価：本体一〇〇〇円＋税　978-4-909281-33-3

3
「慰安婦」問題の境界を越えて
テッサ・モーリス-スズキ・玄武岩・植村隆　定価：本体八〇〇円＋税　978-4-909281-03-6

2
北海道からトランプ的安倍〈強権〉政治にNOと言う
徳永エリ・紙智子・福島みずほ　定価：本体七〇〇円＋税　978-4-902269-95-6

1
泊原発とがん
斉藤武一　定価：本体七〇〇円＋税　978-4-902269-87-1